máquina de livros

Celio Alzer

Feitos um para o outro

Os vinhos perfeitos para combinar com **1.304 pratos**

Direção editorial:
Bruno Thys
Luiz André Alzer

Artes da capa:
Bruno Drummond

Projeto gráfico e diagramação:
Fabiano Reis

Finalização gráfica:
Toni Azevedo

Revisão:
Brandão França e Cintia Mattos

Fotos:
Silberkorn/Depositphotos (págs. 9, 165); Vitaly Purtov/Shutterstock (pág. 11); Myviewpoint/Depositphotos (pág. 19); Rocha Ribeiro/Shutterstock (pág. 27); Korzeniewski/Depositphotos (pág. 31); Luiz André Alzer (págs. 49, 69, 77, 81, 109);Starkovphoto/Depositphotos (pág. 53); zhupanova.yahoo.com/Depositphotos (pág. 61);Larisa Blinova/Shutterstock (pág. 85); Cristiana Beltrão (págs. 95, 153);Gdolgikh/Depositphotosv (pág. 101); Belchonock/Depositphotos (pág. 115);Karandaev/Depositphotos (págs. 119, 137); Zoryanchik/Depositphotos (pág. 127);Magone/Depositphotos (pág. 141); Photodesign/Depositphotos (pág. 159);Haribol_108/Depositphotos (pág. 183).

Dados Internacionais de Catalogação na Publicação (CIP)
(eDOC BRASIL, Belo Horizonte/MG)

A478f

Alzer, Celio.
Feitos um para o outro: os vinhos perfeitos para combinar com 1.304 pratos / Celio Alzer. – Rio de Janeiro, RJ: Máquina de Livros, 2024.
224 p.: foto. color.; 16 x 23 cm
Inclui bibliografia
ISBN: 978-65-86339-20-8

1. Vinho e vinificação. 2. Gastronomia. I. Título.

CDD 641.22

Elaborado por Maurício Amormino Júnior - CRB6/2422

Grafia atualizada segundo o Acordo Ortográfico da Língua Portuguesa de 1990, em vigor no Brasil desde 2009.

3ª edição, 2024

Editora Máquina de Livros LTDA
Rua Francisco Serrador 90 / 902, Centro, Rio de Janeiro/RJ – CEP 20031-060
www.maquinadelivros.com.br
contato@maquinadelivros.com.br

Para meus netos ***Theo*** *e* ***Lara,***
na esperança de que cultivem
o gosto pelo bom vinho
e pela boa mesa.

Amuse Bouche

A escolha do vinho mais adequado para acompanhar um prato foi e sempre será objeto de discussão – a máxima "De gustibus et coloribus non est disputandum" (Gostos e cores não se discutem) é definitiva. Afinal, não se pode negar ao conviva o direito de saborear sua comida com o vinho que bem entender. Há quem defenda até que o ambiente, a empatia entre os participantes da mesa e o humor de cada um são atributos mais importantes para o perfeito desenrolar de uma refeição do que a escolha dos pratos e dos vinhos.

Mas, convenhamos: não existe boa conversa, simpatia ou alto astral que resista a uma escolha desastrada, em que o prato sugere uma direção, enquanto o vinho insiste em trilhar o caminho contrário. Se for uma refeição individual e sem maiores pretensões estéticas ou gastronômicas, o vinho que está à mão em geral resolve bem. Mas, quando se trata de um almoço ou jantar mais elaborado, os cuidados com a harmonização entre vinho e comida são essenciais para o sucesso do evento e a satisfação dos comensais.

Eu disse "harmonização"? Os franceses, que entendem da matéria, usam a palavra "accord des vins et des mets"; os italianos, "abbinamento vino-cibo"; ingleses e americanos, "food and wine pairing"; em espanhol, usa-se "maridaje entre el vino y la comida". Eu fico com "harmonização entre vinhos e comida", que sugere equilíbrio, entendimento, afinidade e até, num sentido mais amplo, elegância. Ou, então, "casamento", que engloba tudo isso e que também remete a equilíbrio, afinidade, respeito às características de cada um. Ou alguém duvida que o casamento entre uma pescadinha com purê de batatas e um Cabernet californiano está condenado a sucumbir na porta da igreja – digo, do restaurante – por absoluta carência de compatibilidade?

O que pretendo com este trabalho é facilitar a vida de quem cultiva (ou almeja) o prazer de comer e beber bem, harmonizando vinho e comida, sem necessariamente aprofundar-se no assunto ou analisar os motivos que levam à escolha de determinado vinho. Com esse propósito, deliberadamente, evitei a teoria, priorizando a prática e, portanto, a agilidade da informação. Algo assim: "Neste sábado, vamos receber um casal de amigos para jantar. Estou pensando em servir uns canapés antes de sentarmos à mesa. Depois, uma vichyssoise de entrada, uma paleta de cordeiro como prato principal e torta de limão de sobremesa". É só procurar no índice, entre as páginas 206 e 223, que o leitor vai localizar onde estão todos esses pratos e diversas sugestões de vinhos que ficam bem com eles.

Outra preocupação foi registrar a maior variedade possível de pratos, desde os mais simples, do dia a dia (bife à milanesa, espaguete à bolonhesa e pudim de leite, por exemplo), até os mais sofisticados ou elaborados (lagosta ao Thermidor, pato confit, tarte Tatin). Dos brasileiríssimos frango com ora-pro-nóbis, feijoada – cuja harmonização dá pano para manga – até o clássico francês cassoulet e o exótico bobotie sul-africano, iguaria preferida de Nelson Mandela. Desde os ligeiros, indicados para quem costuma pegar leve (linguado grelhado, creme de ervilha) até os mais generosos (sanduíche de mortadela, mocotó). Raros são os pratos que não são capazes de encontrar seu vinho "cara-metade". E mesmo os "casamentos difíceis" quase sempre têm uma saída honrosa, que não vai deixar o apreciador sem a companhia de sua bebida preferida.

Convém esclarecer que em momento algum pretendi ser completo ou definitivo. Oferecer uma lista com todos os vinhos que ficariam bem com cada prato é tarefa impossível, por mais que se tenha intimidade com as variedades de uvas e produtos de cada país vinícola. Aliás, aí reside um dos encantos desta atividade: é preciso provar, avaliar, comparar para eleger seus favoritos. Porque o vinho não é um, são vários. E, nessa diversidade, tem a capacidade de nos surpreender a cada garrafa aberta.

Este livro é o resultado de uma prazerosa pesquisa de vários anos. Primeiro, colecionando informações aqui e ali, sem preocupação em organizá-las. Depois, de maneira mais sistemática, consultando as melhores fontes disponíveis, em livros e sites. Mais importante ainda foi testar inúmeros pratos com vinhos diversos: em casa, em refeições com amigos e em restaurantes – tanto como cliente quanto, principalmente, como profissional, selecionando vinhos para jantares que venho promovendo em restaurantes há anos.

Ficarei feliz e convencido da utilidade deste trabalho se, convidado para jantar na casa de amigos – com dois ou três vinhos diferentes, por favor – encontrar meu livro na cozinha, ligeiramente engordurado e com manchas de molho. Esse é o lugar dele, um utensílio tão indispensável quanto o caldeirão, a concha ou a colher de pau. Se alguém quiser um livro novinho na estante, pode comprar um segundo exemplar. O autor agradece!

Celio Alzer

MODO DE USAR (PARA ENTENDER MELHOR ESTE GUIA)

◆ Seções e pratos estão relacionados em ordem alfabética: Arroz; Aves; Bacalhau; Carnes; Casamentos Difíceis; Cozinha Asiática/Oriental; Diversos; Entradas, Salgadinhos e Petiscos; Feijão; Frutas; Frutos do Mar; Legumes e Vegetais; Massas; Miúdos; Molhos; Patês, Frios e Embutidos; Peixes; Pizza; Queijos; Saladas; Sanduíches; Sobremesas, Doces e Docinhos; Sopas.

◆ Os vinhos brancos, rosados e tintos são representados por tacinhas da cor correspondente; os espumantes, por uma flûte, também brancos, rosados e tintos.

VINHOS **ESPUMANTES**

◆ Sempre que possível, são apresentadas opções de branco, rosado e tinto.

◆ Os vinhos mais recomendados para cada prato aparecem em **negrito**; em claro, estão outras boas sugestões; em *itálico*, as opções para os mais ousados, que gostam de novidades e não têm medo de arriscar. Veja exemplos ao lado:

◆ PIZZA DE PEPPERONI

Merlot do norte da Itália, Sangiovese, Lagrein, Beaujolais, Chinon, Carmenère

Rosé seco ligeiro

Jerez Fino

◆ Quando não for mencionado o grau de doçura, é porque o vinho é seco.

◆ Nos pratos estrangeiros menos familiares ao consumidor brasileiro, o país de origem é citado e os ingredientes principais são relacionados.

◆ Especialmente para quem for viajar, são lembrados pratos típicos, famosos em suas regiões de origem.

◆ Às vezes, dois ou mais pratos aparecem com os mesmos vinhos: não são exatamente iguais, mas pequenas alterações nos ingredientes não justificam uma mudança radical nos vinhos sugeridos. Veja um exemplo:

◆ CARNE SECA DESFIADA
◆ PAÇOCA SALGADA

Tannat ou Cabernet Franc brasileiro, Carmenère

◆ A ênfase é em vinhos da mesma região ou do mesmo país de origem do prato.

◆ Todas as variedades de uvas citadas aparecem nos Anexos 1 e 2 (página 197).

◆ Quando a indicação for "branco aromático", "rosé seco de médio corpo", "tinto ligeiro" ou outra expressão do gênero, consulte o Anexo 3: "Tipologia de espumantes, brancos, rosés e tintos quanto aos aromas e ao corpo" (página 198).

Vinhos Aperitivos

São vinhos leves ou de médio corpo, não muito alcoólicos, frescos e frutados, indicados para beber sem a companhia de comida ou acompanhando canapés e pratos ligeiros em pequenas porções. Geralmente são secos ou, no máximo, discretamente adocicados, sempre servidos a temperatura baixa (espumantes, entre 6ºC e 8ºC; brancos e rosados, em torno dos 10ºC). A idéia é que sejam alegres, fáceis de beber e que favoreçam a conversa descontraída, contribuindo para criar um ambiente agradável e convivial.

Sugestões de vinhos aperitivos: **Champanhe brut** é insuperável em qualquer ocasião. Espumantes brut, extra brut e nature em geral – inclusive rosés – também são ótimas pedidas. Os espumantes nacionais são uma boa escolha.

Outros vinhos que funcionam muito bem como aperitivo: alemães secos ou meiossecos, Aligoté, Bordeaux branco, Chablis e Petit Chablis, Chardonnay sem madeira, Chasselas, Chenin Blanc, Falanghina, Frascati, Friulano, Gewürztraminer seco, Grillo, Grüner Veltliner, Inzolia, Jerez seco, Madeira seco, Manzanilla, Marsala seco, Moscatel seco, Muscat d'Alsace, Orvieto secco ou abboccato, Pinot Bianco, Pinot Grigio, Porto branco (inclusive o drinque Portonic – com água tônica e uma rodelinha de limão; ou puro, bem frio, com uma casquinha de laranja no fundo do copo), Riesling, rosé seco ligeiro (especialmente os da Provence) e de médio corpo, Sancerre, Sauvignon Blanc, Soave, Torrontés, Trebbiano d'Abruzzo, Verdejo, Verdicchio dei Castelli di Jesi, Vermentino di Sardegna, Vernaccia di San Gimignano, Vinho Verde branco. Sangria e clericot também podem ser agradáveis, desde que preparados com pouco açúcar e com vinho de boa qualidade.

Arroz

Parece estranho comer arroz com vinho, mas há inúmeras preparações – paellas, risotos, arroz de tamboril, para citar apenas algumas – que não só ficam muito bem, mas quase exigem um vinho como companhia. É bom lembrar que, diferentemente do Brasil, em seu país de origem o risoto é sempre um *primo piatto*, seguido geralmente de ave ou carne. Nesse caso, dependendo da preparação principal, o primeiro vinho pode até ser mantido.

◆ **ARROZ À GREGA**
◆ **ARROZ BIRO BIRO**
(com ovos, bacon, batata palha e cebola)
◆ **YAKIMESHI**
(prato chinês: arroz com ovo, presunto, cenoura, cebolinha e shoyu)

Branco ligeiro, com frescor: Chardonnay sem madeira, Chenin Blanc, Pinot Grigio, Trebbiano

Rosé seco ligeiro

◆ **ARROZ COM BACALHAU**
◆ **RISOTO DE BACALHAU**

Branco de boa estrutura, barricado: Chardonnay, Encruzado, branco do Douro, Rioja branco

Pinot Noir da Nova Zelândia

Espumante rosé

◆ **ARROZ COM ERVILHAS FRESCAS**
(prato clássico do Veneto, chamado Risi e bisi, que leva arroz, ervilhas frescas, pancetta e parmigiano)

Valpolicella

Pinot Grigio, Soave Classico

◆ **ARROZ COM FRANGO**
(prato de inspiração mexicana, feito com arroz arbório, colorau, refogado de cebola, alho, coentro, tomate, pimentas e alcaparras)

Branco seco com acidez marcante: Sauvignon Blanc, Albariño, Verdejo, Vinho Verde branco

Espumante brut

◆ **ARROZ COM FRANGO DESFIADO E AMÊNDOAS**
(prato da cozinha sírio-libanesa)

Soave, Friulano, Fiano di Avellino, Pinot Grigio, Inzolia, Riesling Itálico, Chardonnay sem madeira

◆ **ARROZ COM LENTILHAS À MODA SÍRIA**
(o clássico Mjadra, prato servido com kafta, abobrinha, pimentão ou repolho recheado)

Tempranillo, Sangiovese, Chianti, Montepulciano d'Abruzzo, Merlot, Cabernet Franc, Côtes du Rhône

◆ **ARROZ COM PEQUI**
(prato típico de Goiás)

Sauvignon Blanc

Espumante brut

◆ **ARROZ DE BRAGA**
(com linguiça, toucinho, paio e lombo defumado)

Tinto do Douro, Dão ou Alentejo, Rioja Reserva, Cabernet Sauvignon brasileiro

◆ **ARROZ DE BRÓCOLIS**

Chardonnay sem madeira, Pinot Bianco, Frascati, Orvieto

◆ ARROZ DE CAMARÃO
◆ RISOTO DE CAMARÃO

Branco macio medianamente aromático: Müller-Thurgau do Alto Adige, Sauvignon Blanc do norte da Itália, Chardonnay do Novo Mundo, Soave, Falanghina, Verdicchio dei Castelli di Jesi, Arinto, Vermentino di Sardegna

Rosé seco ligeiro

◆ ARROZ DE CARRETEIRO
(prato típico do sul do Brasil)
◆ ARROZ MARIA ISABEL
(prato nordestino, feito com carne de sol)

Merlot, Cabernet Franc ou Tannat brasileiro, Pinotage, Carmenère, Barbera d'Alba, Chianti

◆ ARROZ DE CUXÁ
(clássico do Maranhão, feito com folhas de vinagreira/azedinha, quiabo e camarão seco socado com farinha de mandioca)

Sauvignon Blanc

Espumante brut

◆ ARROZ DE FORNO COM FRANGO

Chardonnay do Novo Mundo, Encruzado, Arinto

◆ ARROZ DE FRANGO COM MIÚDOS

Tinto de médio corpo: Chianti, Côtes du Rhône, Dão, Primitivo di Manduria, Teroldego, Rosso di Montalcino, Montepulciano d'Abruzzo, Morellino di Scansano, Nebbiolo d'Alba, Ancelotta, Barbera d'Alba, Merlot brasileiro

◆ ARROZ DE LULA COM BRÓCOLIS

Rosé seco ligeiro

Rioja branco, Encruzado

◆ ARROZ DE MARISCOS
◆ PAELLA MARINERA
(prato clássico espanhol, preparado com frutos do mar)

Rioja branco barricado, Verdicchio dei Castelli di Jesi, Viognier, Chenin Blanc, Verdejo, Gavi, branco português de Arinto, Sauvignon Blanc, Manzanilla

Rosé seco ligeiro

◆ ARROZ DE PATO

Tinto do Alentejo ou do Douro, Rioja ou Ribera del Duero Reserva, Châteauneuf-du-Pape, Crozes-Hermitage, Shiraz chileno ou australiano com madeira

◆ ARROZ DE POLVO
(com ou sem brócolis)

Branco barricado do Alentejo

Rosé seco de médio corpo

◆ ARROZ DE TAMBORIL

Encruzado, branco do Alentejo de Fernão Pires/Antão

Vaz/Arinto, Pinot Gris, Chardonnay ou Viognier com madeira, Soave, Vermentino

◆ **ARROZ DE TOMATE**

Barbera, Sangiovese, tinto português do Douro ou do Dão

Sauvignon Blanc

Rosé seco de médio corpo

◆ **BOLINHO DE ARROZ**

Chardonnay sem madeira, Viognier, Pinot Grigio

◆ **JAMBALAYA**
(prato da cozinha créole, com arroz, frango, camarões, bacon e tomate)

Lagrein, Merlot maduro

Chenin Blanc ou Sauvignon Blanc sem madeira

Rosé seco de médio corpo

◆ **PAELLA VALENCIANA**
(a receita original leva frango e coelho)

Tinto espanhol jovem de Tempranillo ou Garnacha, Montepulciano d'Abruzzo

Rosé seco de médio corpo: Rioja, Navarra, Tavel, Lirac

Espumante brut

◆ **RISOTO À PARMEGIANA**

Sangiovese di Romagna, Barbera d'Alba, Merlot, Lambrusco

◆ **RISOTO À PIEMONTESA FEITO COM VINHO TINTO**

Dolcetto, Chianti ou o mesmo vinho usado no prato

◆ **RISOTO COM FUNGHI PORCINI**

Barolo, Barbaresco, Sangiovese di Romagna, Rioja Crianza, Ribera del Duero, Bordeaux de primeira linha, Nero d'Avola, Primitivo di Manduria

Champanhe rosé safrado

◆ **RISOTO COM RAGU DE CARNE**

Morellino di Scansano, Barbera d'Alba, Sangiovese, Côtes du Rhône, Merlot brasileiro ou chileno

◆ **RISOTO COM TINTA DE LULA (RISOTTO AL NERO DI SEPPIA)**

Soave Classico, Orvieto, Greco di Tufo, Friulano, Pinot Bianco, Chardonnay sem madeira

Prosecco Superiore di Cartizze

Crozes-Hermitage

◆ **RISOTO DE ABÓBORA**

Gewürztraminer, Pinot Blanc, Chardonnay, Viognier

◆ **RISOTO DE AÇAFRÃO**
(prato típico de Milão)

Tinto de bom corpo e boa acidez: Barbera d'Alba, Bonarda, Montepulciano d'Abruzzo

Soave Classico, Viognier, Pinot Bianco, Chardonnay com pouca madeira, Gavi

◆ **RISOTO DE ALCACHOFRAS**

Soave, Albariño/Alvarinho, Grüner Veltliner, Chardonnay sem madeira

◆ **RISOTO DE ASPARGOS**

Sauvignon Blanc chileno, Chardonnay sem madeira, Pinot Blanc da Alsácia, Friulano, Pinot Bianco, Pinot Grigio

◆ **RISOTO DE CAMARÃO COM PONTA DE ASPARGOS**

Branco macio e aromático: Sylvaner do Alto Adige, Sauvignon Blanc, Chardonnay sem madeira

◆ **RISOTO DE CARNE SECA COM ABÓBORA**

Merlot brasileiro, Sangiovese, Rioja crianza

◆ **RISOTO DE CHAMPIGNONS**

Pinot Noir do Novo Mundo, Barbera, Sangiovese di Romagna, Cinque Terre, Merlot

Soave, Gavi, Chardonnay com pouca madeira, Viognier

◆ **RISOTO DE FOIE GRAS COM ASPARGOS**
◆ **RISOTO DE FOIE GRAS SEM ASPARGOS**

Pinot Gris da Alsácia, Riesling meiosseco

◆ **RISOTO DE FRUTOS DO MAR (RISO ALLA MARINARA)**

Greco di Tufo, Soave Classico Superiore, Trebbiano d'Abruzzo, Viognier, Chablis, Chardonnay sem madeira, Pinot Blanc da Alsácia, branco seco do Friuli: Friulano, Verduzzo

Rosé seco ligeiro

◆ **RISOTO DE LAGOSTA**
◆ **RISOTO DE LAGOSTA COM LÂMINAS DE TRUFAS**

Chardonnay barricado, Chablis Grand Cru, Châteauneuf-du-Pape branco, Verdicchio dei Castelli di Jesi

Champanhe safrado

◆ **RISOTO DE LAGOSTIM COM CHAMPIGNONS**
◆ **RISOTO DE LAGOSTIM SEM CHAMPIGNONS**

Viognier, Chablis, Vouvray seco, Fiano di Avellino

Pinot Noir

◆ **RISOTO DE LINGUIÇA**

Merlot brasileiro ou chileno, Cabernet Franc brasileiro, Chianti, Barbera d'Alba, Refosco dal Peduncolo Rosso

◆ **RISOTO DE MORANGOS**

Gamay, Pinot Noir do Novo Mundo

Rosé seco de médio corpo

Espumante rosé

Lambrusco

◆ **RISOTO DE MORANGOS COM LAGOSTIM, CAMARÃO OU LAGOSTA**

Pinot Noir

Viognier

Espumante rosé

◆ **RISOTO DE PARMA**
◆ **RISOTO DE PARMA COM QUEIJO BRIE E RÚCULA**

Friulano, Pinot Grigio

Rosé seco de médio corpo

Espumante rosé

◆ **RISOTO DE QUEIJO BRIE**

Chardonnay sem madeira ou com pouca madeira, Pinot Blanc da Alsácia, Pinot Grigio, Fiano di Avellino

Pinot Noir

◆ **RISOTO DE QUEIJO TALEGGIO**

Châteauneuf-du-Pape, Barbaresco

◆ **RISOTO DE RABADA**

Tinto macio de médio corpo: Cirò Rosso Classico, Cannonau di Sardegna, Morellino di Scansano, Rosso di Montalcino, Valpolicella Ripasso, Nebbiolo d'Alba, Cabernet ou Merlot brasileiro, Tempranillo, Malbec argentino, Zinfandel

◆ **RISOTO DE RÚCULA, TOMATE SECO E MUÇARELA**

Branco fresco sem madeira: Chardonnay, Friulano, Pinot Bianco, Grillo, Riesling Italico, Sauvignon Blanc, Sylvaner, Verdicchio dei Castelli di Jesi

◆ **RISOTO DE TOMATE SECO**

Sangiovese, Barbera d'Alba

◆ **RISOTO DE TRUFAS**

Nebbiolo d'Alba, Barbaresco maduro, Barbera, Pinot Noir, Torgiano, Dolcetto

◆ **RISOTO DE VERDURAS**

Pinot Bianco, Pinot Grigio, Frascati, Orvieto seco, Chardonnay sem madeira, Pinot Blanc da Alsácia, Müller-Thurgau, Sauvignon Blanc, Riesling

Rosé da Provence

◆ **RISOTO PRIMAVERA**
(leva aspargos, abobrinha, cenoura, ervilha)

Pinot Grigio, Gavi, Soave, Arneis, Chablis

Rosé da Provence ou outro rosé seco ligeiro

Prosecco

Aves

O leque dos pratos de aves é muito amplo, desde um enxuto franguinho grelhado com legumes até uma galinha d'angola ou um magret de canard. Com o perdão do trocadilho fácil, de um extremo ao outro a harmonização muda da água para o vinho. E não é por estar preocupado com os glicídios e triglicerídeos que o apreciador de vinho precisa abrir mão de sua bebida preferida. É só não exagerar, conselho, aliás, que vale para todos os momentos. Aqui entre nós, um peito de frango com legumes salteados não chega a ser uma iguaria, mas certamente ganha nova dimensão na companhia de um branco simpático.

◆ **ALMÔNDEGAS DE FRANGO**

Tinto ligeiro ou de médio corpo sem madeira: Bardolino, Valpolicella, Barbera d'Asti, Sangiovese di Romagna, Beaujolais

◆ **ASA DE FRANGO GRELHADA**

Beaujolais, Gamay, Merlot

Pinot Grigio, Sauvignon Blanc, Frascati Superiore

◆ **AVES COM MOLHO DE COGUMELOS**

Borgonha branco de qualidade: Meursault, Puligny-Montrachet, Corton-Charlemagne

◆ **AVES COM MOLHOS CREMOSOS E ESPECIARIAS**

Pinot Gris da Alsácia

Rosé frutrado e elegante

◆ **AVES DE CAÇA ENSOPADAS**

Gevrey-Chambertin, Pommard, Saint-Emilion Grand Cru, Cabernet da Califórnia, Hermitage, Côte-Rôtie

◆ **AVESTRUZ**

Tinto do Rhône (Crozes-Hermitage, Côtes du Rhône Villages), Syrah, Cabernet Sauvignon, Petit Verdot, Pinotage, Zinfandel, Carmenère

◆ **BROCHETE DE FRANGO**

Grignolino, Dolcetto d'Asti, Bardolino, Gamay, Beaujolais

◆ **CARNES BRANCAS EM GERAL**

Barbera d'Asti, Bardolino, Dolcetto, Valpolicella, Gamay, Merlot brasileiro

◆ **CODORNA ASSADA OU RECHEADA**

Tinto da Borgonha, Rioja Reserva, Barolo, Barbaresco, Sagrantino di Montefalco, Carmignano, Brunello di Montalcino, Cabernet Sauvignon australiano ou chileno, Tempranillo argentino, tinto do Pomerol, Merlot, Sangiovese

◆ **CODORNA RECHEADA COM TRUFAS NEGRAS E FOIE GRAS, EM LEITO DE MASSA FOLHADA**

(Cailles en sarcophage, prato do filme "A Festa de Babette")

Clos de Vougeot ou outro tinto de categoria da Borgonha

◆ **COQ AU VIN**

Borgonha tinto (Chambertin, Gevrey-Chambertin, Pommard, Savigny-lès-Beaune) e outros Pinot Noir, tinto do Rhône ou do Languedoc, cru de Beaujolais (Morgon, Fleurie, Moulin-à-Vent), Rioja, Carmignano, tinto do Douro, Ribera del Duero, Bordeaux maduro

◆ **EMPADÃO DE FRANGO**

Chardonnay com pouca madeira, Chenin Blanc, Viognier, Vermentino di Sardegna

◆ **ESTROGONOFE DE FRANGO**

Dolcetto, Valpolicella, Barbera d'Asti, Sangiovese, Gamay

◆ **FAISÃO**

Grande tinto maduro da Borgonha (Chambertin, Vosne-Romanée, Echézeaux, Nuits-Saint-Georges), Côte-Rôtie, Saint-Joseph, Barolo, Barbaresco, Brunello di Montalcino Riserva, tinto de Grenache ou Garnacha, Saint-Emilion, Pomerol; Rioja Gran Reserva, Château Musar, Merlot do Novo Mundo, Cannonau di Sardegna

Champanhe rosé safrado

Riesling da Alsácia, Alsace Vendanges Tardives

◆ **FILÉ DE FRANGO À MILANESA**

Dolcetto, Valpolicella, Sangiovese, Chianti, Lagrein, Côtes du Rhône, Merlot brasileiro

◆ **FILÉ DE FRANGO AO MOLHO DE GORGONZOLA**

Merlot brasileiro ou chileno, Barbera d'Asti, Valpolicella

◆ **FRANGO AGRIDOCE**

Riesling meiosseco, Pinot Gris

Espumante brut

◆ **FRANGO À KIEV**

Chenin Blanc, Chardonnay sem madeira, Riesling da Alsácia, Gewürztraminer

Tinto do sul da França: Bandol, Cassis, Palette

◆ **FILÉ DE FRANGO À MILANESA COM POLENTA CREMOSA OU CREME DE MILHO**

Riesling meiosseco

◆ **FRANGO AO CURRY**

Gewürztraminer da Alsácia, Gewürztraminer do Alto Adige, Riesling meiosseco, Pinot Gris

◆ **FRANGO AO MOLHO PARDO**
◆ **GALINHA DE CABIDELA**

Tannat francês, uruguaio ou brasileiro, Châteauneuf-du-Pape, Syrah, Saint-Joseph, Crozes-Hermitage, tinto de Bordeaux, Rosso di Montalcino

◆ **FRANGO A PASSARINHO**
◆ **FRANGO ASSADO**
◆ **GALETO AL PRIMO CANTO**

Tinto de médio corpo e boa acidez (Barbera, Rosso di Montepulciano, Rosso Cònero, Dolcetto), Sangiovese di

Romagna, Merlot, Tempranillo, Pinotage, Pinot Noir do Oregon ou da Nova Zelândia, Morgon, Moulin-à-Vent, Vacqueyras, Aragonês alentejano, Tinta Roriz do Douro, Sancerre tinto, Monastrell

Chardonnay barricado, Chablis Premier Cru, Rioja branco maduro

◆ FRANGO COM BROTO DE BAMBU

Riesling meiosseco, Pinot Gris

◆ FRANGO COM COGUMELOS

Pinot Noir da Nova Zelândia

Chablis Premier Cru ou Grand Cru, Pinot Gris, Viognier

◆ FRANGO COM LEGUMES

Mâcon branco, Chardonnay sem madeira, Chenin Blanc, Pinot Blanc, Orvieto, Trebbiano, Vernaccia di San Gimignano

Rosé seco de médio corpo

◆ FRANGO COM MOLHO PICANTE

Pinot Grigio, Sauvignon Blanc

◆ FRANGO COM ORA-PRO-NÓBIS
(prato típico de Minas Gerais)
◆ FRANGO COM QUIABO E ANGU

Tinto com boa acidez (Nebbiolo d'Alba, Barbera), tinto brasileiro, Sangiovese di Romagna, Chianti, Pinot Noir

◆ FRANGO DEFUMADO

Barbera d'Asti

Chardonnay com pouca madeira, Pouilly-Fuissé, Sauvignon Blanc

Espumante brut

◆ FRANGO EM CROSTA DE AMÊNDOAS OU AVELÃS

Chardonnay barricado maduro, Albariño

◆ FRANGO EM MOLHO CREMOSO
◆ FRANGO EM MOLHO CREMOSO COM COGUMELOS

Viognier, Chablis, Borgonha branco (Meursault, Puligny-Montrachet, Corton-Charlemagne), Chardonnay com pouca madeira, Pinot Gris da Alsácia, Côtes du Rhône branco, Chenin Blanc

Champanhe brut

◆ FRANGO ENSOPADO

Pinot Noir, Barbera d'Asti, Sangiovese, Cabernet Franc

◆ FRANGO XADREZ

Chablis, Sancerre

Espumante brut

Dolcetto, Tempranillo jovem, tinto do Douro ou do Alentejo

◆ FRICASSÉ DE FRANGO

Bordeaux branco, Chardonnay barricado, Pinot Gris ou Riesling da Alsácia, Savennières Coulée de Serrant

Morgon

◆ GALINHADA

Côtes du Rhône, Sangiovese di Romagna, Rioja Crianza, Merlot brasileiro, Pinot Noir

◆ GALINHA D'ANGOLA

Chambertin, Volnay, Pommard, Shiraz, Petit Verdot, tinto do Graves, Barolo, Barbaresco, Fleurie, Moulin-à-Vent, tinto de Grenache ou Garnacha, Saint-Emilion

Chardonnay barricado maduro, Pinot Gris da Alsácia

◆ MAGRET DE CANARD

Tinto do Médoc, Pomerol, Madiran, Barolo, Pinot Noir de médio corpo da Borgonha, tinto de médio corpo do Douro

◆ MARRECO

Barolo, Barbaresco, Brunello di Montalcino, Châteauneuf-du-Pape, Pinotage

◆ MOLE POBLANO

(prato mexicano, que leva frango, chocolate e pimenta)

Shiraz, Cabernet Sauvignon, Zinfandel, Petite Sirah americano, Pinotage, Merlot

◆ NUGGETS DE FRANGO

Roero Arneis, Pinot Gris, Riesling meiosseco

Salice Salentino Rosato

Espumante brut

◆ PATO ASSADO

Bordeaux tinto, Nuits-Saint-Georges, Volnay, Morey-Saint-Denis, Vosne-Romanée, Hermitage, Côte-Rôtie, Mourvèdre, Madiran, Shiraz australiano, Chianti Classico, Brunello di Montalcino, Barbera d'Alba, Rioja tinto Reserva, tinto de Baga ou de Touriga Nacional, Pinotage, Merlot, Zinfandel, Primitivo, Marzemino

Gewürztraminer seco ou meiosseco

Rosé frutado e elegante

◆ PATO COM LARANJA

Gewürztraminer Grand Cru da Alsácia, Pinot Gris da Alsácia, Château-Grillet, Sauternes, Riesling Auslese alemão, Chardonnay australiano, Chenin Blanc

Saint-Estèphe, Shiraz australiano

◆ **PATO CONFIT (CONFIT DE CANARD)**

Madiran, Malbec de Cahors, tinto de Bordeaux com predominância de Merlot, Châteauneuf-du-Pape, Rioja Reserva, Priorato, Barolo, tinto encorpado do Douro, Cannonau di Sardegna, Montepulciano d'Abruzzo, Morellino di Scansano, Tempranillo, Shiraz

Lambrusco

◆ **PATO DEFUMADO**

Pinot Noir

Chardonnay barricado da Borgonha, Jerez Oloroso, Madeira seco, Riesling meiosseco

◆ **PATO DE PEQUIM**
(também chamado de Pato laqueado)

Branco de colheita tardia, Vouvray moelleux, Gewürztraminer da Alsácia, Fernão Pires

Rosé meiosseco de médio corpo

Tawny com indicação de idade, Shiraz australiano

◆ **PATO NO TUCUPI**
(prato típico do Pará)

Cabernet Sauvignon ou Tannat brasileiro maduro

Branco maduro da Rioja, *Riesling alemão meiosseco, Sauvignon Blanc*

◆ **PEITO DE FRANGO ENVOLTO EM PRESUNTO, COM MOLHO DE TOMATE**

Nebbiolo d'Alba, Barbera d'Alba

◆ **PERDIZ ASSADA**

Barolo, Barbaresco, Bordeaux maduro, Rioja Reserva ou Gran Reserva, tinto da Bairrada, Barbera d'Asti, Cannonau di Sardegna, Lagrein

Jerez Oloroso

◆ **PERDIZ RECHEADA**

Borgonha tinto maduro (Chambertin, Côte de Nuits, Pommard), Bordeaux de primeira linha, Brunello di Montalcino

◆ **PERU ASSADO**

Tinto do Médoc, Pinot Noir, Merlot, Barbera d'Asti, Dolcetto d'Alba, Dolcetto d'Asti, Cabernet Franc

Rioja branco maduro

◆ **PERU RECHEADO À CALIFÓRNIA**

Tinto de médio corpo e frutado (Gaillac, Chinon), Valpolicella

Riesling de colheita tardia, Vouvray moelleux, Orvieto abboccato, branco frutado do Novo Mundo

◆ POMBO

Barolo, Barbaresco, Grenache ou Garnacha, Brunello di Montalcino, Borgonha tinto (Chambertin, Nuits-Saint--Georges), Pinotage, tinto argentino

Espumante rosé safrado

Pinot Gris da Alsácia

◆ ROCAMBOLE DE FRANGO

Chardonnay com pouca madeira, Chenin Blanc, Viognier

◆ XINXIM DE GALINHA

Cabernet Sauvignon brasileiro

Gewürztraminer, Pinot Gris, *Riesling meiosseco*

Bacalhau

Bacalhau se acompanha com branco ou com tinto? Com vinhos jovens ou evoluídos? Leves ou encorpados? Aí está uma discussão que vai continuar animando as rodas de degustação e provocando opiniões diversas e testemunhos definitivos – para quem os emite, evidentemente...

Uma historinha que ilustra muito bem a tipicidade e a personalidade do bacalhau revela que, chegando a Lisboa, um brasileiro foi almoçar numa tasca tradicional, disposto a degustar um autêntico bacalhau português. Servido o prato, pediu um vinho para acompanhá-lo, e o dono da casa lhe trouxe uma jarra de vinho tinto. O brasileiro provocou: "Ué, vinho tinto? Eu sempre ouvi dizer que vinho tinto é para carne e vinho branco para peixe. Por acaso bacalhau não é peixe?". Ao que o portuga retrucou: "Meu filho, *vacalhau* não é carne nem paixe; *vacalhau* é *vacalhau*!".

Moral da história: apesar de ser um peixe, o bacalhau tem regras próprias no terreno da harmonização. No meu entender – e aí está mais uma opinião (mais ou menos) definitiva – preparações leves, que por exemplo incluam creme de leite (o tradicional bacalhau com natas ou a brandade de bacalhau), ficam muito bem com vinhos brancos – bem entendido, brancos de boa estrutura, com presença de madeira, ou com rosados. A mesma coisa quando for servido desfiado ou em pequenas lascas, caso dos populares Gomes de Sá, Brás e Zé do Pipo (que leva leite e purê de batatas). Porém, a preparação em postas (lombo de bacalhau ao forno ou grelhado) agradece a presença de um tinto. Mas atenção: deve ser um tinto evoluído, cujos taninos já tenham "amansado" o suficiente para enfrentar o sal do bacalhau.

Devo lembrar, entretanto, que mesmo entre renomados especialistas, as opiniões se dividem. Fazer o quê? Como decretou sabiamente o português, bacalhau é bacalhau!

◆ **AÇORDA DE BACALHAU**

Branco português barricado (Encruzado, Fernão Pires), branco espanhol de Viura, Chardonnay barricado

◆ **BACALHAU EM GERAL**

Tinto maduro com pouco tanino

Branco barricado

◆ **BACALHAU À BRÁS**

Branco português com madeira (Encruzado), Chardonnay com pouca madeira

◆ **BACALHAU À ESPANHOLA**

Rioja Crianza, tinto do Alentejo

◆ **BACALHAU AO FORNO**
◆ **BACALHAU FRITO**
◆ **BACALHAU NA BRASA**

Tinto maduro de Touriga Nacional do Dão ou do Douro, Rioja Crianza ou Reserva

Branco barricado

Espumante estruturado

◆ **BACALHAU À VICENTINA** (prato típico do Veneto, leva alici, parmigiano, e é acompanhado por polenta de colher ou frita)

Gavi di Gavi, Etna branco, Soave Classico, Vernaccia di San Gimignano

Rioja Crianza

◆ **BACALHAU COM NATAS**
◆ **BACALHAU ESPIRITUAL**
◆ **BRANDADE DE BACALHAU**

Branco barricado (Encruzado, Antão Vaz), branco jovem do Douro, espanhol de Viura, Chablis Premier Cru, Chardonnay com pouca madeira, Chenin Blanc sul-africano, Hermitage branco, Côtes du Rhône branco, Alvarinho

Rosé da Provence

◆ **BACALHAU À GOMES DE SÁ**

Tinto fresco de médio corpo: Castelão, Tempranillo jovem, Bordeaux, Chinon, Bonarda italiano

Branco barricado do Dão ou do Douro

◆ **BACALHAU À PORTUGUESA**

Tinto maduro com pouco tanino do Alentejo ou do Dão, tinto do sul da Itália sem madeira ou com pouca madeira (Nero d'Avola, Primitivo, Cirò), Rioja Crianza, Merlot brasileiro, Sancerre tinto

Branco português barricado, Châteauneuf-du-Pape branco, Côtes de Provence branco, Chablis Premier Cru

◆ **BACALHAU À ZÉ DO PIPO**

Branco português encorpado e barricado

◆ **BACALHAU COM MOLHO DE VINHO TINTO**

Pinot Noir da Borgonha

◆ **BACALHAU COZIDO**

Chardonnay, Alvarinho, Antão Vaz, Encruzado sem madeira ou com pouca madeira

◆ **BACALHAU COZIDO NO AZEITE**

Branco português barricado

◆ **BACALHAU ENSOPADO COM LEITE DE COCO E AZEITE DE DENDÊ**

Chardonnay chileno barricado

◆ **BACALHAU FRESCO**

Branco de médio corpo não muito frutado (Mâcon ou Rhône branco), Chablis, Aligoté, Encruzado

◆ **BACALHOADA**

Tinto português ou espanhol maduro, tinto do Rhône ou do Languedoc, Sancerre tinto

Chablis Premier Cru

◆ **BOLINHO DE BACALHAU**
◆ **PATANISCA DE BACALHAU**

Tinto leve ou de médio corpo, com pouco tanino

Branco alentejano de Antão Vaz, branco português barricado, branco de Viura barricado, Jerez Fino, branco de Savagnin do Jura, Alvarinho/Albariño

◆ **ESQUEIXADA DE BACALAO** (prato da Catalunha, com cebola, azeitonas, tomate e ovos cozidos)

Branco espanhol ou português barricado, Albariño/Alvarinho

◆ **MOUSSE DE BACALHAU**
◆ **SUFLÊ DE BACALHAU**

Tinto leve ou de médio corpo, com pouco tanino

Branco barricado

◆ **POSTA DE BACALHAU GRELHADA**

Rioja branco barricado, Grüner Veltliner

◆ **PUNHETA DE BACALHAU**

Alvarinho/Albariño, Verdejo, Sauvignon Blanc, Chardonnay de Casablanca ou da Nova Zelândia

◆ **SALADA DE BACALHAU COM GRÃO DE BICO**
◆ **SALADA DE BACALHAU COM FRADINHO**

Tinto jovem do Dão ou do Alentejo, Gamay, Pinot Noir frutado

Branco jovem aromático (Grüner Veltliner, Alvarinho/Albariño), Encruzado, Antão Vaz, Bical, branco jovem do Douro

Rosé seco de médio corpo

Espumante brut

Carnes

Aqui, o difícil é encontrar sugestão de vinhos brancos, a não ser quando a carne for de vitela, que é delicada. De um modo geral, exceto em pratos com ingredientes pouco comuns (o tournedo Rossini, por exemplo, que leva foie gras e trufas) ou que exijam vinhos muito particulares (javali, lebre, veado), as carnes têm soluções bem práticas. Veja o caso do churrasco, um dos pratos preferidos do brasileiro: Cabernet, Merlot, Malbec, Syrah, quase todo tinto funciona bem – desde que seja jovem, portanto com uma carga de taninos suficiente para dar conta da suculência que caracteriza o prato, e com boa acidez para equilibrar as gorduras. Sendo assim, a maioria dos tintos brasileiros fará ótima figura. Observe que, quanto mais mal passada a carne, mais taninos suporta.

◆ **ALMÔNDEGAS DE CARNE**
◆ **POLPETTONE**

Nero d'Avola, Chianti Classico, Barbera, Syrah siciliano, Malbec jovem e frutado, Cabernet ou Merlot brasileiro, Bordeaux genérico, Côtes du Rhône, Minervois, Mercurey, Dão, Zinfandel

◆ **ARRUMADINHO**
(feijão, carne seca, tomate, cebola, pimentão e farinha de mandioca)
◆ **ESCONDIDINHO DE CARNE SECA COM AIPIM OU COM BAROA**

Merlot ou Tannat brasileiro, Pinotage, Sangiovese

◆ **ASSADOS**

Sagrantino di Montefalco, Montepulciano d'Abruzzo, Touriga Nacional

◆ **BARREADO**
(prato típico do Paraná)

Tannat uruguaio, Syrah chileno, Malbec argentino, Pinotage com madeira

◆ **BARRIGA DE PORCO**

Pinot Noir jovem da Borgonha, Beaujolais, Gamay, tinto de Baga, Syrah, *Côtes du Rhône*

Riesling alemão, alsaciano ou austríaco

◆ **BIFE A CAVALO**
◆ **BIFE COM FRITAS**

Tinto jovem e frutado: Merlot brasileiro, Malbec argentino, Carmenère, Sangiovese, Montepulciano d'Abruzzo, Barbera d'Asti, Bonarda, Bordeaux genérico

◆ **BIFE À MILANESA**

Chinon, Bourgueil, cru de Beaujolais (Morgon, Brouilly, Fleurie, Moulin-à-Vent), Marzemino, Bardolino

◆ **BIFE À ROLÉ (BRACIOLA)**

Merlot ou Cabernet brasileiro, Barbera d'Alba, Tempranillo, Sangiovese

◆ **BIFE DE CHORIZO**
(miolo do contrafilé)
◆ **OJO DE BIFE**
◆ **PRIME RIB (FILÉ DE COSTELA)**

Malbec argentino, Carmenère, Cabernet Sauvignon, Tannat, tinto do Languedoc-Roussillon, Graves, Pommard

◆ **BIFE DE FILÉ GRELHADO**
◆ **CONTRAFILÉ GRELHADO**

Barolo, Barbaresco, Brunello di Montalcino, Sagrantino di Montefalco, Vino Nobile di Montepulciano, Cabernet Sauvignon

◆ **BISTECA À FLORENTINA**
◆ **T-BONE (CHULETA)**

Chianti Classico maduro, Brunello di Montalcino, Hermitage, Cabernet ou Shiraz australiano, Malbec encorpado, Nebbiolo d'Alba, Valpolicella Classico

◆ **BLANQUETTE DE VEAU**
(guisado de vitela, feito com vinho branco)

Mâcon branco, Montagny, Vouvray seco, Savennières Coulée de Serrant, Palette branco, Chardonnay com pouca madeira, Pinot Blanc, Corton-Charlemagne, Meursault, Saint-Joseph branco, Pinot Gris da Alsácia

◆ **BOBOTIE**
(prato sul-africano preparado no forno, com carne picada, cebola, amêndoas, uva passa, damasco e especiarias como curry e cúrcuma)

Cabernet ou Merlot macio

Viognier, Chenin Blanc, Riesling

◆ **BOEUF BOURGUIGNON**

Tinto potente, frutado, de boa acidez (Pommard, Gevrey--Chambertin, Mercurey), Pinot Noir de Casablanca, Châteauneuf-du-Pape, Cabernet Sauvignon/Merlot, Shiraz macio

◆ **BOLLITO MISTO**
(prato italiano, é um cozido com várias carnes e vegetais, geralmente servido com mostarda de Cremona)

Tinto jovem de boa acidez (Barbera d'Asti, Barbera d'Alba, Bonarda dell'Oltrepò Pavese, Dolcetto di Dogliani, Bardolino, Teroldego, Cabernet Franc), Nebbiolo, Dolcetto d'Alba, Dolcetto d'Asti, Shiraz, Pinotage

Lambrusco

◆ **BOLO DE BATATA COM RECHEIO DE CARNE**

Barbera, Bourgueil, Chinon, Merlot brasileiro, chileno ou argentino, Tempranillo, Sangiovese, Côtes du Rhône, tinto do sul da França, Tannat

◆ **BRASATO AL BAROLO**
(prato clássico italiano, em que a carne é cozida no vinho)

Barolo ou outro tinto do Piemonte encorpado e evoluído (Barbaresco, Gattinara), tinto refinado (Pinot Noir da Borgonha, Hermitage, Côte-Rôtie), Brunello di Montalcino, Shiraz australiano, Cabernet australiano ou californiano, tinto espanhol de Toro

◆ **BROCHETE DE CARNE BOVINA**

Morellino di Scansano, Cabernet Sauvignon, Merlot brasileiro ou chileno, Malbec, Tempranillo jovem, tinto de Touriga Nacional, Shiraz, Pinotage

Lambrusco

◆ **BROCHETE DE CORDEIRO**

Syrah, Cabernet Sauvignon, Tempranillo, Zinfandel, tinto libanês, tinto grego moderno de Xinomavro ou Agiorgitiko

◆ **CABRITO ASSADO COM ARROZ DE BRÓCOLIS E BATATAS CORADAS**

Malbec argentino, Cirò, Rosso Cònero Riserva, Barbaresco, Nero d'Avola, Cabernet siciliano, Sagrantino di Montefalco, Taurasi, Primitivo di Manduria, Cannonau di Sardegna, tinto da Provence (Bandol, Bellet, Cassis, Côtes de Provence), tinto encorpado do Douro, tinto do Dão

◆ **CAÇAS DE PELO (LEBRE, JAVALI, VEADO)**

Tinto de classe da Borgonha (Chambertin, Chambolle-Musigny, Nuits-Saint-Georges, Vosne-Romanée), Châteauneuf-du-Pape, Cornas, Mourvèdre, Malbec de Cahors, Madiran, Amarone, Barbaresco, Barolo, Aglianico del Vulture, Vino Nobile di Montepulciano, tinto evoluído do Douro, Primitivo di Manduria, Rosso Cònero Riserva, Saint-Estèphe, Saint-Emilion, Pomerol

◆ **CAÇAS DE PELO COM MUITAS ESPECIARIAS**

Porto Vintage evoluído

◆ **CARBONADA CRIOLLA**
(prato argentino: um ensopado feito com carne e milho, geralmente servido dentro de uma moranga)

Malbec argentino

◆ **CARNE ASSADA COM BATATAS CORADAS**

Tinto jovem com boa acidez: Chianti, Barbera, Morellino di Scansano, Rosso Piceno, Cabernet Franc

Lambrusco

◆ **CARNE ASSADA COM CHUTNEYS EM GERAL**

Syrah

◆ **CARNE ASSADA EM CROSTA DE ERVAS**

Tempranillo

◆ **CARNES BRANCAS GRELHADAS**

Rosso di Montalcino, Teroldego, Valpolicella

Gewürztraminer ou Riesling da Alsácia, Arbois branco

◆ CARNE COM BROTO DE BAMBU

Pinot Noir, Gamay

◆ CARNE COZIDA

Malbec argentino, Merlot brasileiro, Cabernet Franc do norte da Itália

◆ CARNE COZIDA COM TAPENADE

Rosé da Provence

◆ CARNE DE PANELA

Cabernet Franc, Sangiovese di Romagna, Merlot brasileiro, Nebbiolo d'Alba

◆ CARNE DE PORCO À ALENTEJANA
(é preparada com amêijoas)

Tinto do Alentejo

◆ CARNE DE SOL COM MACAXEIRA
◆ CARNE DE SOL COM PIRÃO DE LEITE

Tinto de médio corpo: Cabernet Franc ou Merlot brasileiro, Bonarda argentino, Carmenère

◆ CARNES ENSOPADAS

Chianti ou Chianti Clássico, Nebbiolo d'Alba, Barbera, Cabernet Franc brasileiro, Cornas, Syrah, Côtes du Rhône Villages, Crozes-Hermitage, Gigondas, Vacqueyras, tinto do Languedoc, Rioja ou Navarra Crianza, tinto do Douro, Barbera, Malbec, Zinfandel, Pinotage

◆ CARNES FRIAS

Branco delicado e aromático: Sylvaner ou Gewürztraminer do Alto Adige, Pinot Gris, Riesling, Sancerre

Beaujolais, *tinto encorpado, macio e evoluído: Brunello di Montalcino, Taurasi, Aglianico del Vulture*

◆ CARNES GRELHADAS

Brunello di Montalcino, Nebbiolo, Gattinara, Barbera d'Alba, Refosco dal Peduncolo Rosso, Morellino di Scansano,Vino Nobile di Montepulciano, Torgiano, Aglianico del Vulture, Primitivo di Manduria, Nero d'Avola, Cannonau di Sardegna, Bandol, Syrah, Pinotage, Côtes du Rhône Villages, *Pinot Noir da Alsácia*

Lambrusco

◆ CARNES GRELHADAS SERVIDAS COM MOLHO OU GELÉIA DE FRUTAS VERMELHAS

Syrah

◆ CARNE MOÍDA REFOGADA

Tinto leve e frutado: Bardolino, Valpolicella, Sangiovese di Romagna, Beaujolais, Cabernet Franc brasileiro

◆ CARNE SECA COM ABÓBORA

Tinto de médio corpo: Merlot ou Cabernet brasileiro, Carmenère

◆ CARNE SECA DESFIADA
◆ PAÇOCA SALGADA

Tannat ou Cabernet Franc brasileiro, Carmenère

◆ CARNEIRO

Tinto maduro encorpado: Bordeaux, Cabernet do Novo Mundo, Rioja Reserva, Ribera del Duero, Shiraz, Nebbiolo

◆ CARNES VERMELHAS EM GERAL

Tinto de Bordeaux à base de Cabernet Sauvignon, Cabernet Sauvignon da Califórnia, Austrália ou Chile, Brunello di Montalcino, Chianti Classico, Primitivo di Manduria

◆ CARPACCIO DE CARNE COM AZEITE E PARMESÃO

Chardonnay sem madeira ou levemente barricado

Rosé da Provence

◆ CARPACCIO DE CARNE COM MOSTARDA E ALCAPARRAS

Chinon, Bourgueil, Gamay, Bardolino, Dolcetto, Carignan, Sangiovese, Pinot Noir

Espumante rosé

◆ CARRÉ DE CORDEIRO AO MOLHO DE MOSTARDA

Bordeaux tinto, Cabernet encorpado, Syrah australiano, Malbec encorpado

◆ CASSOULET
◆ FABADA ASTURIANA
(prato espanhol que leva feijão branco seco cozido, carne de porco crua e defumada, e linguiças)

Tinto encorpado um pouco rústico (Tannat do Madiran, Malbec de Cahors), Vacqueyras, Châteauneuf-du-Pape, Corbières, Shiraz australiano, tinto do Priorato, Cabernet Sauvignon, Saint-Estèphe, Touriga Nacional, Syrah em geral, Tannat brasileiro ou uruguaio, Morgon e outros crus de Beaujolais

◆ CHATEAUBRIAND
(prato feito com o "coração" do filé mignon, de cerca de 3cm de altura, grelhado ou frito, servido com um molho e às vezes circundado com uma fatia de bacon)

Tinto refinado: Bordeaux maduro ou equivalente do Novo Mundo, Brunello di Montalcino

◆ **CHILI CON CARNE**
(tipo de ensopado apimentado da chamada cozinha tex-mex, com carne bovina ou de porco picada e feijão vermelho)

Tinto jovem encorpado (Zinfandel, Shiraz australiano), Syrah, Grenache, Pinotage, Malbec argentino frutado, Carmenère, Cabernet Sauvignon chileno, Beaujolais

◆ **CHURRASCO**
◆ **PARRILLA**

Tinto jovem e frutado (Cabernet ou Merlot brasileiro, Carmenère, Malbec argentino, Tannat, Chianti, tinto do sul da França, Syrah), Zinfandel (especialmente com molho barbecue), tinto do Douro, Brunello di Montalcino, Barolo, Pauillac, Saint-Estèphe, Ribera del Duero, Rioja Crianza ou Reserva, Primitivo di Manduria

Lambrusco

◆ **CHURRASCO TURCO (DÖNER KEBAB)**
(carne preparada num espeto giratório, servida fatiada dentro de um pão pita enrolado, em geral acompanhando salada; também é conhecido como churrasco grego)

Tinto frutado de médio corpo: Merlot brasileiro ou chileno, Cabernet Sauvignon ou Carmenère chileno, Malbec argentino

◆ **COELHO À CAÇADORA**
◆ **COELHO ENSOPADO**

Tinto de médio corpo e boa acidez (Barbera, Rosso di Montepulciano, Pinot Noir, Chinon, Bourgueil, Chiroubles, Morgon, Cabernet Franc, Bouzy rouge), Aglianico del Vulture, Nebbiolo, Torgiano, Valpolicella Ripasso, Gigondas, Côtes du Rhône

◆ **COELHO ASSADO**

Vino Nobile di Montepulciano, Syrah, Rioja Reserva, Pomerol

◆ **COELHO COM MOSTARDA E COGUMELOS**

Volnay, Chinon, Bourgueil

Chablis, Château-Chalon

◆ **CORDEIRO À CAÇADORA**

Marzemino, Chianti Classico, Malbec argentino, Bourgueil, Crozes-Hermitage, Mercurey, Rully

◆ **CORDEIRO AO FORNO**

Tinto encorpado, com uma certa idade (Barolo, Barbaresco, Gattinara, Brunello di Montalcino, Chianti Clássico Riserva, Vino Nobile di Montepulciano, Torgiano Rosso Riserva, Carmignano, Aglianico del Vulture,Taurasi), Cabernet Sauvignon, Rioja ou

Navarra Gran Reserva, Tempranillo, Carmenère, Malbec de Cahors, Aragonês alentejano, Touriga Nacional

◆ CORDEIRO AO MOLHO DE CURRY

Château-Chalon

◆ CORDEIRO AO MOLHO DE HORTELÃ
◆ CORDEIRO EM CROSTA DE ERVAS

Tinto maduro de Bordeaux, Carmenère, Rioja Reserva, Cabernet Sauvignon

◆ CORDEIRO ENSOPADO

Cabernet Sauvignon, Tempranillo, Merlot, Gigondas, Aglianico del Vulture, Taurasi, Châteauneuf-du-Pape, Amarone

◆ CORDEIRO (PREPARADO COMO CHURRASCO)

Cabernet chileno, Pinotage, Shiraz australiano

Rosé frutado de bom corpo

◆ COSTELA ASSADA
◆ COSTELA NO BAFO

(inclusive ao molho barbecue)

Chianti, tinto do Douro, Merlot do Novo Mundo, Zinfandel, Primitivo, Shiraz australiano, Cabernet Sauvignon, Tannat uruguaio, tinto da Bairrada, tinto do sul da França à base de Grenache

◆ COSTELETA DE CORDEIRO

Bordeaux tinto ou outro Cabernet Sauvignon de qualidade, tinto encorpado do Douro, Petit Verdot, tinto do norte do Rhône (Côte-Rôtie, Saint-Joseph, Crozes-Hermitage), tinto maduro de Ribera del Duero ou da Rioja, Etna tinto, Chianti Classico, *Anjou tinto*

Champanhe rosé safrado

◆ COSTELETA DE PORCO FRITA, ASSADA OU ENSOPADA

Tinto de boa acidez (Barbera d'Asti, Bonarda dell'Oltrepò Pavese), Malbec argentino, Merlot, Cabernet Sauvignon ou Carmenère chileno, Valpolicella, Chianti, tinto de Baga, Monastrell (Espanha) ou Mourvèdre (França)

Chablis Premier Cru, Rioja branco maduro, Riesling ou Chardonnay sem madeira, Chenin Blanc

◆ COSTELETA DE VITELA À MILANESA

Bonarda dell'Oltrepò Pavese

◆ **COSTELETA DE VITELA COM COGUMELOS**

Chardonnay barricado de nível alto

◆ **COSTELETA DE VITELA GRELHADA**

Bordeaux tinto de médio corpo, Cabernet Sauvignon italiano, Rosso di Montalcino, Pommard

Chablis Premier Cru, Rioja branco barricado, Châteauneuf-du-Pape branco

◆ **COSTELINHA DE PORCO CARAMELIZADA**

Riesling ou Gewürztraminer meiodoce

Shiraz australiano

◆ **COSTELINHA DE PORCO COM CANJIQUINHA**
(prato típico de Minas Gerais)
◆ **COSTELINHA DE PORCO COM FEIJÃO BRANCO**

Dolcetto, Barbera, Chianti, Cabernet do norte da Itália, Merlot brasileiro

◆ **COZIDO À PORTUGUESA**
◆ **COCIDO MADRILEÑO**

Tinto do Dão, Bairrada ou Alentejo, tinto do sul da França, Syrah, Nebbiolo d'Alba, Madiran, Tannat uruguaio, Tempranillo, Mourvèdre, Dolcetto d'Alba, Dolcetto d'Asti

◆ **DAUBE PROVENÇALE**
(ensopado de carne marinada no vinho tinto, típico da Provence)

Tinto da Provence (Palette, Bandol, Gaillac), Madiran, Côtes du Rhône, Hermitage, Lirac tinto

◆ **EMPADÃO GOIANO**
(o recheio leva frango, linguiça, lombo ou pernil de porco, pequi e guariroba - um tipo de palmito)

Tinto de médio corpo: Cabernet ou Merlot brasileiro, Sangiovese, Tempranillo

◆ **ENSOPADINHO DE CARNE COM LEGUMES**

Tinto de médio corpo: Merlot, Cabernet e Syrah brasileiro ou chileno, Barbera, Chianti, Sangiovese, Tempranillo jovem, tinto de Grenache ou Garnacha, Dolcetto d'Asti), Valpolicella, Montepulciano d'Abruzzo, Côtes du Rhône, Beaujolais-Villages

◆ **ENTRECÔTE À LA BORDELAISE (BIFE ANCHO OU RIB-EYE)**

Tinto do Graves, Haut-Médoc ou Saint-Emilion, Canon--Fronsac, Gevrey-Chambertin, Pommard, Vacqueyras, Malbec argentino

◆ ESCALOPE DE VITELA

Merlot italiano, cru de Beaujolais (Chénas, Morgon, Moulin-à-Vent), Anjou tinto

Châteauneuf-du-Pape branco

◆ ESCALOPE AO VINHO TINTO

Tinto de Bordeaux, Cabernet Sauvignon em geral

◆ ESCALOPINHO AO MOLHO MADEIRA OU MARSALA

Cirò, Brunello di Montalcino, Canon-Fronsac, Bordeaux Supérieur, Châteauneuf-du-Pape

◆ ESTROGONOFE DE CARNE

Brunello di Montalcino, cru de Beaujolais (Morgon, Moulin-à-Vent), Côtes du Rhône Villages, Saint-Joseph, Tempranillo jovem, Malbec argentino, Barolo, Barbaresco

Chardonnay barricado, *Riesling*

◆ FILÉ AO MOLHO DE GORGONZOLA
◆ MEDALHÃO AO MOLHO DE GORGONZOLA

Cabernet Sauvignon maduro, Barbera, Barbaresco, Chianti Classico

◆ FILÉ À OSWALDO ARANHA
◆ FILÉ COM FRITAS
◆ FILÉ MIGNON COM BATATAS CORADAS OU LEGUMES

Chianti, tinto de Bordeaux, Shiraz ou Cabernet australiano, Cabernet Sauvignon ou Merlot brasileiro, Barbera d'Alba, Barolo

◆ FILÉ À PARMEGIANA

Chianti Classico, tinto frutado com boa acidez: Cabernet Franc brasileiro, Barbera d'Alba, Sangiovese italiano, Montepulciano d'Abruzzo, Tempranillo

◆ FILÉ COM CHAMPIGNONS

Pinot Noir, Gattinara, Barbera, Dolcetto

◆ FILÉ AO MOLHO DE MOSTARDA
◆ FILÉ AO MOLHO DE SHOYU

Zinfandel, tinto de Bordeaux (Haut-Médoc, Saint-Estèphe), Bandol, Côte-Rôtie

◆ FILÉ MIGNON DE PORCO

Crozes-Hermitage, Chianti, Barbera, Nero d'Avola, Sangiovese di Romagna, Merlot, Bouzy rouge

◆ FILÉ MIGNON EM CROSTA DE PIMENTA

Petit Verdot, Syrah

◆ FILÉ WELLINGTON
(peça de mignon envolta em patê e numa fatia de bacon, e, em seguida, em massa folhada)

Saint-Emilion, Pomerol e outros Bordeaux com predominância de Merlot, Côte-Rôtie, Shiraz de categoria, Cabernet Sauvignon, Malbec argentino

Viognier de classe

◆ **FILÉ WELLINGTON COM TRUFAS**

Nebbiolo, Pinot Noir evoluído

◆ **FONDUE DE CARNE**

Tinto frutado e macio: Morgon, Pinot Noir, Cabernet ou Syrah do Novo Mundo, Lagrein, Merlot do norte da Itália, Nero d'Avola

◆ **GOULASH**
(prato típico da Hungria, com carne bovina em cubos, temperada com cebola, páprica e cominho)

Tinto húngaro de Cabernet Sauvignon, tinto de Grenache ou Garnacha, Malbec de Cahors, Gigondas, Moulin-à-Vent, Fixin, Primitivo, Tempranillo jovem, Merlot, Cabernet, Pinotage, Zinfandel, Shiraz australiano jovem, Rioja ou Ribera del Duero

◆ **GRANDES PEÇAS ASSADAS**

Barbaresco, Brunello di Montalcino, Rioja Gran Reserva

◆ **IRISH STEW**
(prato típico irlandês, um ensopado de carne de cabrito)

Côtes du Rhône, Rioja Reserva

◆ **JAVALI ASSADO**
◆ **JAVALI ENSOPADO**

Brunello di Montalcino, Chianti Clássico maduro, Taurasi, Amarone, Sagrantino di Montefalco, Pomerol, Châteauneuf-du-Pape, Gigondas, Bandol, Palette, Rioja Reserva, Bairrada, Shiraz australiano, Rosso Cònero Riserva, supertoscano

Riesling alemão maduro

◆ **KAFTA**
(carne moída grelhada no espeto)

Chinon, Bourgueil, Cabernet Franc ou Merlot brasileiro, Beaujolais-Villages, Chianti, Dolcetto, Montepulciano d'Abruzzo, Teroldego, Carmenère

◆ **KASSLER**

Riesling alemão meiosseco é um clássico para carnes defumadas, Albariño barricado, Furmint

Syrah, Pinotage, Pinot Noir, Gamay, Tempranillo, Barbera

◆ **KEBAB DE PORCO**
◆ **KEBAB DE FRANGO**

Chardonnay barricado, Viognier

◆ LEBRE ENSOPADA
◆ LOMBO DE LEBRE ASSADO

Borgonha tinto maduro (Chambertin, Pommard), Châteauneuf-du-Pape, Barbaresco, Ribera del Duero, Gattinara

◆ LEITÃO À PURURUCA
◆ LEITÃO DA BAIRRADA

Tinto da Bairrada, Rioja, tinto do Dão, Douro ou Alentejo

Espumante brut branco

Lambrusco, espumante brut tinto

Branco da Provence, Assyrtiko grego, Riesling seco

◆ LEITÃO DE LEITE ASSADO (COCHINILLO)

Rioja Reserva ou Gran Reserva, tinto de Baga, Saint-Emilion Grand Cru, Clos de Vougeot, Volnay Premier Cru

◆ LENTILHA GARNI
◆ LOMBO COM FEIJÃO BRANCO
◆ LOMBO COM LENTILHA

Madiran, Barbera, Cabernet Sauvignon jovem, Pinot Noir do Novo Mundo, Sangiovese

Lambrusco

◆ LOMBINHO DE PORCO ASSADO

Cirò Rosso Classico, Cannonau di Sardegna, Pinot Noir, Cahors, Costières de Nîmes, Vino Nobile di Montepulciano

Châteauneuf-du-Pape branco, Viognier ou Chardonnay sem madeira ou com pouca madeira, Fernão Pires

◆ LOMBINHO DE PORCO ASSADO COM ERVAS

Carignan, Rosso di Montalcino, Rosso Piceno, *Recioto della Valpolicella*

◆ LOMBO DE PORCO COM TUTU DE FEIJÃO

Espumante tinto, Lambrusco

◆ MATAMBRE

Malbec ou Syrah argentino, Tannat

Rosé frutado de bom corpo

◆ MOUSSAKA
(prato grego, é um gratinado de berinjela com carne, geralmente cordeiro)

Tinto grego jovem de Agiorgitiko, tinto de Syrah do sul da França, Grenache ou Mourvèdre, Rioja Crianza, Nebbiolo, Barbera, Côtes du

Rhône, Merlot, Pinot Noir

Rosé da Provence

◆ OSSOBUCO

Tinto de boa acidez (Mâcon, Mercurey, Dolcetto, Barbera d'Alba), Syrah, Grenache, Nebbiolo d'Alba, tinto da Provence (Bandol, Cassis, Côteaux d'Aix-en-Provence), Zinfandel, Malbec argentino, Hermitage, Côte-Rôtie

Branco de boa estrutura: Hermitage, Châteauneuf-du-Pape, Graves

◆ PALETA DE CORDEIRO
◆ STINCO DE CORDEIRO

Cabernet Sauvignon de qualidade, Rioja e Ribera del Duero Reserva ou Gran Reserva, Hermitage, Côte-Rôtie, Châteauneuf-du-Pape, tinto de Grenache, Syrah em geral, Saint-Emilion, Barbera

◆ PANQUECA DE CARNE
◆ PASTEL DE CHOCLO

(prato chileno, é uma torta de milho com recheio de carne bovina moída ou frango e ovos cozidos)

Merlot ou Cabernet Sauvignon chileno ou brasileiro de bom corpo, Carmenère

◆ PERNIL DE CORDEIRO

Cabernet Sauvignon, Shiraz australiano, Malbec de Cahors, tinto encorpado do Douro, tinto do Rhône, Barbera, Saint-Emilion

◆ PERNIL DE PORCO

Merlot brasileiro, Tempranillo sem madeira, Chianti, Rosso Piceno, tinto francês ou espanhol à base de Grenache/Garnacha

◆ PICADINHO COM OVO FRITO, FAROFA, ARROZ E CALDINHO DE FEIJÃO

Merlot, Dolcetto d'Alba, Chianti, Rosso Piceno, Montepulciano d'Abruzzo, Côtes du Rhône, Beaujolais-Villages, tinto espanhol jovem

◆ PORCHETTA ALLA ROMANA

Cesanese di Olevano, Rosso Piceno, Cannonau di Sardegna, Sagrantino di Montefalco

Rosé da Provence (especialmente quando servida fria)

Verdicchio di Matelica, Soave Classico

Lambrusco

Espumante blanc de noirs

◆ PORCO AGRIDOCE

Riesling alemão meiosseco, Gewürztraminer meiosseco

◆ **PORCO ASSADO**

Tinto da Bairrada ou do Dão, Rioja, Carignan, Médoc, Crozes-Hermitage, Chianti Classico, Barbera, Aglianico del Vulture, Pinot Noir, Carmenère, Aragonês alentejano, Beaujolais

◆ **PORCO ASSADO SERVIDO FRIO, COMO UM EMBUTIDO**

Riesling seco, Sylvaner da Alsácia

◆ **PORCO EM CHURRASCO**

Shiraz ou Cabernet/Shiraz australiano, Merlot ou Carmenère chileno, Pinotage, Zinfandel

◆ **PORCO EM GERAL**

Tinto macio, de médio corpo: Rioja, Refosco dal Peduncolo Rosso, Sangiovese, Cabernet Sauvignon da Austrália, Califórnia ou Chile

Lambrusco

Branco de bom corpo: Chardonnay barricado, Viognier

◆ **PORCO EM MOLHO CREMOSO COM CHAMPIGNONS**

Pinot Noir da Borgonha

Chardonnay da Borgonha, Riesling ou Pinot Gris da Alsácia, Vouvray

◆ **POT-AU-FEU**
(prato francês, é um guisado de carne com vegetais)

Tinto jovem com taninos presentes: Cahors, Crozes-Hermitage, Côte-Rôtie, Saint-Joseph, Fitou, Côtes de Blaye, Chinon

◆ **PRATOS COM BACON DEFUMADO**

Pinot Gris da Alsácia

◆ **ROCAMBOLE DE CARNE**

Barbera, Sangiovese, Merlot, Zinfandel

◆ **ROSBIFE**

Bordeaux tinto, Cabernet/Merlot, Malbec, Zinfandel, Shiraz, Cinsault, Tempranillo

Chardonnay barricado

◆ **ROSBIFE COM CHUTNEY DE MANGA OU DE ABACAXI**

Chardonnay barricado

◆ **ROSBIFE FRIO COM SALADA DE BATATAS**

Gamay, Pinot Noir, Sangiovese di Romagna

Chardonnay do norte da Itália

◆ **ROUPA-VELHA**
(carne seca cozida e desfiada, frita em cebola e toucinho, acrescida de farinha de mandioca)

Tannat uruguaio ou brasileiro, Syrah chileno

◆ SALTIMBOCCA ALLA ROMANA

(escalope de mignon ou de vitela coberto ou envolvido por fatia de presunto e sálvia)

Tinto de médio corpo e boa acidez: Velletri, Chianti, Marzemino, Rosso Cònero, Sangiovese di Romagna, Merlot

Branco do Lazio: Frascati Superiore, Castelli Romani

◆ SAUERBRATEN

(prato alemão de carne agridoce marinada em vinagre por vários dias)

Tinto com boa acidez: Nebbiolo, Barbera, Sangiovese

Riesling alemão meiosseco

◆ STEAK AU POIVRE

Tinto jovem de Syrah ou Cabernet Sauvignon, Grenache, Petit Verdot, Châteauneuf-du-Pape, Montepulciano d'Abruzzo, Pinotage, Zinfandel, *Porto LBV*

◆ STEAK BEARNAISE
◆ FILÉ BÉARNAISE

(o molho béarnaise leva estragão, gemas, vinagre, vinho branco)

Chardonnay barricado da Borgonha, Austrália ou Califórnia

Pinot Noir, Gamay, Sangiovese

◆ STEAK TARTARE

Beaujolais-Villages ou cru de Beaujolais (Morgon, Fleurie), Barbera, Chinon

Borgonha branco (Mâcon, Saint-Véran), Chardonnay sem madeira da Nova Zelândia, Viognier, Gavi

Champanhe brut

◆ STINCO DE VITELA

Refosco dal Peduncolo Rosso, Cabernet Sauvignon, Barbaresco, Brunello di Montalcino

◆ STRACOTTO DI MANZO

(prato toscano com carne cozida no vinho tinto)

Cabernet Sauvignon, Nebbiolo d'Alba, Valpolicella Classico Superiore, Chianti Classico Riserva, Brunello di Montalcino, Vino Nobile di Montepulciano

◆ STRACOTTO DI MANZO COM PORCINI, ALECRIM E PIMENTA

Syrah

◆ TAJINE

(prato do Marrocos, Argélia, Tunísia e norte da África: é um guisado de legumes com carne de cordeiro ou de frango)

Tinto com nota de especia-

rias (Shiraz, Pinotage, Zinfandel), tinto do Languedoc, Rioja Crianza, Malbec de bom corpo, tinto de Grenache ou Garnacha

◆ **TOURNEDO ROSSINI**
(leva foie gras, trufas e molho madeira)

🍷 **Tinto de qualidade envelhecido (Saint-Estèphe, Merlot do Pomerol), Saint-Emilion, Graves, Madiran maduro, Cahors, Rioja Gran Reserva, Pinot Noir da Borgonha (Chambertin, Chambolle-Musigny, Nuits-Saint-Georges),** Bandol, Corbières, Fitou

◆ **TOURNEDO COM ROQUEFORT OU GORGONZOLA**

🍷 **Bergerac, Corbières, Côtes du Rhône,** Cabernet Sauvignon

◆ **VACA ATOLADA**
(prato típico de Minas Gerais, feito com costela bovina e aipim)

🍷 **Merlot, Malbec argentino, tinto do Alentejo, Cabernet Sauvignon brasileiro, chileno ou sul-africano**

◆ **VEADO**

🍷 **Grande tinto: Bandol, Borgonha, Syrah ou Cabernet australiano, Châteauneuf-du-Pape, Hermitage, Barolo, Brunello di Montalcino**

◆ **VIRADO À PAULISTA**
(leva feijão carioquinha, couve, banana à milanesa, ovo frito, linguiça, bisteca de porco e torresmo)

🍷 **Merlot ou Cabernet Franc brasileiro, Malbec argentino, Carmenère, Rioja Crianza, Chianti, Sangiovese**

◆ **VITELA ASSADA**

🍷 **Chianti Classico, Rioja Reserva, Chassagne-Montrachet, Pommard, Santenay, Côte de Beaune, Bordeaux de primeira linha**

◆ **VITELLO AL FUNGHI**

🍷 **Tinto maduro de Pinot Noir (Pommard, Mercurey, Volnay, Côte de Beaune, Santenay), Saint-Julien, Saint-Emilion, Cinsault, Roero, Montepulciano d'Abruzzo, Sangiovese di Romagna**

🥂 **Pinot Gris da Alsácia, Chablis Grand Cru,** Riesling alemão de categoria, Encruzado

◆ **VITELLO TONNATO**
(prato típico do Piemonte, que leva vitela cozida fatiada fina, atum, alici, alcaparras e limão)

🍷 **Pinot Noir,** Barbera, Lagrein, Pinotage

🥂 **Friulano, Chardonnay do Alto Adige, Pinot Grigio, Gavi, Roero Arneis, Vermentino, Falanghina,** Cinqueterre,

Chablis, Muscadet sur lie, Vinho Verde branco

Rosé da Provence

Franciacorta brut ou extra brut

◆ **WIENER SCHNITZEL** (especialidade austríaca, é um escalope de vitela ou de porco empanado e frito, como um bife à milanesa)

Grüner Veltliner, Riesling

Casamentos difíceis

Costuma-se dizer que o vinho é a mais versátil das bebidas e que existe vinho para todo tipo de prato. Vamos combinar uma coisa? Corrija para: "existe vinho para quase todo tipo de prato". Com alguns ingredientes, é melhor abrir mão do vinho e optar por um suco ou água de boa procedência. Mas não se desespere. Se não existe harmonização perfeita com os itens abaixo, sempre há algumas saídas, digamos, honrosas, para quem insiste em ter um vinho na mesa.

O truque é colocar no prato algum ingrediente que diminua ou neutralize aquela característica que inviabiliza o vinho. Coisas assim:

• Jiló, rúcula, chicória, agrião, espinafre, endívia, rabanete – Para diminuir o amargor, cozinhe um pouco mais ou acrescente ingredientes doces ou frutas.

• Pimenta, páprica, curry, gengibre, wasabi/raiz forte – Use moderadamente. O caráter picante pode ser amenizado com a adição de elementos neutros (arroz, purê de batatas, pão).

• Limão, laranja, tangerina, maracujá, vinagre, picles, molho vinagrete – Use com moderação. O acréscimo de ingredientes doces (mel, figo, leite de coco) também ajuda. No caso do vinagre, não tem jeito: tempere a salada só com azeite.

• Gema de ovo – Prepare sob a forma de omelete ou fritada, com queijo, presunto ou cogumelos.

• Doces muito açucarados – Não esqueça que, para uma boa harmonização, o vinho deve ser mais doce que a sobremesa – portanto, pegue leve no açúcar. Também pode ser interessante acrescentar ingredientes ácidos (limão, laranja, maracujá).

CONCHA Y TORO
TORRES
Les petits Sommeliers
MIS EN BOUTEILLE AU CHATEAU
AURORA
CARMEN
SALTON
ESPUMANTE
LAS MORAS
VALLE DEL MAIPO
SANTA HELENA

◆ **ALCAPARRA**
(a acidez cortante do vinagre pode destruir o vinho)

Pela boa acidez, um Sauvignon Blanc pode não sofrer tanto

◆ **AMENDOIM**
(pelo sabor forte e pelo salgado)

Tente um branco português da variedade Fernão Pires

◆ **AZEITE DE DENDÊ**
(pelo sabor extremamente marcante)

Melhor evitar; ou, com a moqueca baiana, experimentar um Sauvignon Blanc

◆ **BETERRABA**
Melhor evitar, porque o gosto terroso é incompatível com qualquer tipo de vinho

◆ **CURRY**
(pelo caráter picante)

Um Jerez Fino pode resolver

◆ **ENDÍVIA**
(pelo amargor)

Tente um branco aromático, tipo Gewürztraminer

◆ **ESPINAFRE**
(faz o vinho parecer amargo e metálico, especialmente o tinto)

Experimente Gewürztraminer

◆ **FOLHAS VERDES EM GERAL**
(pelo amargor)

Um branco sem madeira e não muito aromático pode ficar razoável

◆ **FRUTAS CÍTRICAS** (grapefruit, laranja, limão, tangerina)
A evitar, pela excessiva acidez

◆ **GENGIBRE**
(pelo picante, é difícil quando usado em excesso)

Um bom Viognier, Gewürztraminer ou Riesling fica bem. Tente ainda um Torrontés

◆ **IOGURTE**
Melhor evitar, porque o vinho entra em conflito com a cultura de leveduras

◆ **JILÓ**
A evitar, pelo amargor

◆ **MOLHO TÁRTARO**
(pela acidez dos picles)

Sauvignon Blanc pode ajudar

◆ **MOSTARDA**
(pelo sabor intenso, muitas vezes se sobrepõe ao vinho)

Os vinhos que se saem melhor são um Chardonnay muito macio ou um Riesling com doçura e acidez balanceadas

◆ OVO COZIDO OU FRITO
(a gema reveste as papilas, impedindo a apreciação das sensações gustativas)

- Um branco italiano da variedade Friulano geralmente fica bem

◆ RABANETE
Não é fácil, mas há dois vinhos que podem funcionar bem:

- Mâcon branco
- Chinon

◆ RAIZ-FORTE (WASABI)
(pela pungência, destrói o sabor do vinho)

- Difícil, mas um bom Viognier pode fazer frente a esse tempero

Cozinha asiática/oriental

Quando se fala em pratos orientais, especialmente os japoneses, a associação com o saquê é inevitável. Mas existem ótimas soluções na área dos vinhos. Quase sempre os brancos funcionam melhor, incluído aí o espumante brut, o Manzanilla e o Jerez Fino – a secura fresca dos dois últimos é o que existe de mais próximo do saquê. Repare que a Gewürztraminer é lembrada várias vezes, e não por acaso: em alemão, *gewürz* quer dizer "especiaria", o que sugere que seus vinhos fazem boa parceria com pratos condimentados com gengibre, curry, pimenta, leite de coco, ingredientes habituais na cozinha thai, por exemplo. Portanto, em caso de dúvida, puxe o coringa da manga: "um Gewürztraminer, por favor."

COZINHA CHINESA
Brancos como Riesling alemão meiosseco, Gewürztraminer, Sauvignon Blanc da Nova Zelândia ou ainda Rosé de Bordeaux ou Espumante brut. Funciona também com tintos leves.

Pratos com carne (tipo tirinhas de carne com broto de bambu ou pato): Pinot Noir, Gamay

Pratos que contenham elementos adocicados ou agridoces (peixes com molho de fruta, pato/porco com tamarindo ou laranja): Riesling meiosseco

COZINHA INDIANA
Características: picante, rica em especiarias, muitos temperos, cozimento lento buscando o sabor, muito aromática e com complexidade. Preferência para os brancos, especialmente em pratos de vegetais.

Para receitas com maior acidez, que levem tamarindo, lima: Chardonnay da Nova Zelândia ou chileno do Vale de Casablanca, Verdelho, Marsanne.

Pratos bem delicados: Gewürztraminer e Pinot Gris meiodoces da Alsácia, moscatéis. Espumantes secos

Para receitas particularmente condimentadas e difíceis de combinar: Viognier, Riesling, Torrontés. Se preferir tintos, buscar vinhos com pouco tanino: Zinfandel, Shiraz, Cabernet, Merlot do Novo Mundo, Primitivo di Manduria. Há quem aprecie os fortificados: Madeira Verdelho e Bual, Jerez seco ou doce, dependendo do prato.

Para pratos com curry: Rosé frutado e encorpado

COZINHA JAPONESA
Prima pelo frescor e pela clareza de sabores, sobretudo nos peixes e nos vegetais. Daí sua maior afinidade com os brancos, que têm uma acidez mais presente. Cuidado, porém, com o shoyu e com o wasabi (pasta de raiz-forte), que podem suplantar qualquer vinho.

Para suportar o wasabi, são boas indicações: Riesling alemão ou do Novo Mundo, Sauvignon Blanc do Loire, da Nova Zelândia ou do Chile, Chablis, Pouilly-Fuissé, Pinot Bianco, Verdicchio dei Castelli di Jesi. Outra opção interessante: Espumante brut

COZINHA TAILANDESA
Pinot Gris é especialmente indicado. Também Gewürztraminer meiodoce da Alsácia, Sauvignon Blanc do Loire ou da Nova Zelândia

Pratos condimentados com canela, curry, gengibre: Espumante brut. Entre os brancos, Gewürztraminer, Pinot Blanc da

Alsácia, Viognier, Chablis, Torrontés, Chardonnay do Novo Mundo. Se quiser uma certa ousadia, Rosé meiosseco ligeiro

Pratos apimentados de carne: Carmenère, Syrah

Pratos agridoces: Pinot Gris da Alsácia, Gewürztraminer ou Riesling meiodoce, Muscat

◆ ARROZ À INDIANA

Muscat da Alsácia

◆ ATUM CRU

Tinto do Loire, Pinot Noir

Rosé seco de médio corpo

◆ CHICKEN TIKKA MASALA
(prato típico da Índia, é um frango assado, em pedaços, marinado em molho condimentado)

Grenache, Shiraz, Zinfandel

Pinot Gris meiosseco

◆ CHOP SUEY DE CAMARÃO
◆ CHOP SUEY DE CARNE DE PORCO
◆ CHOP SUEY DE FRANGO
(prato típico da China, em que a carne é cozida rapidamente com legumes e envolta num molho enriquecido com amido)

Grüner Veltliner, Chenin Blanc, Chardonnay ou Sémillon sem madeira, Riesling alemão, Sauvignon Blanc

Espumante brut

◆ CHOP SUEY DE CARNE BOVINA

Pinot Noir, Gamay

◆ COGUMELOS NO PAPEL ALUMÍNIO

Tempranillo, Cabernet Sauvignon ou Bordeaux à base de Cabernet Sauvignon, a maioria dos tintos brasileiros, Pinot Noir, Beaujolais, Pinotage, Côtes du Rhône, tinto do Dão

Pinot Gris da Alsácia, Châteauneuf-du-Pape branco

◆ DAHL DE ERVILHA OU DE LENTILHA
(prato indiano, é uma espécie de sopa, em que o ingrediente principal é cozido com muitos temperos)

Viognier, Riesling, Torrontés

◆ DIM SUM
(típico da China, são pequenas porções de pasteizinhos fritos ou cozidos no vapor, com recheios diversos)

Pinot Gris da Alsácia, branco de colheita tardia, Viognier

Rosé da Provence

◆ FRANGO TANDOORI
(típico da cozinha indiana, é um frango assado temperado com várias especiarias, entre elas páprica, coentro, cominho, cúrcuma, cardamomo)

Riesling meiosseco, Gewürztraminer meiodoce

◆ FRANGO XADREZ COM ARROZ CHOP SUEY

Riesling meiosseco, Pinot Gris, Encruzado

◆ **GYOZA**
(um tipo de pastel recheado com carne suína ou legumes, frito ou cozido no vapor)

Grüner Veltliner, Pinot Gris da Alsácia, Riesling meiosseco, Chardonnay sem madeira, Viognier

Espumante brut

Rosé da Provence

◆ **PAD THAI**
(prato típico da Tailândia, com macarrão feito de arroz, frito, com camarão, ovos, nirá, amendoim e temperos diversos)

Gewürztraminer meiodoce, Riesling meiosseco, Sauvignon Blanc da Nova Zelândia

◆ **PRATOS COM CURRY**

Gewürztraminer meiodoce, Muscat da Alsácia

◆ **ROLINHO PRIMAVERA**

Pinot Gris da Alsácia, Grüner Veltliner, Riesling alemão ou austríaco, Gewürztraminer

Rosé da Provence

◆ **SALMÃO NO MOLHO TERYAKI**

Jerez Fino

◆ **SASHIMI**

Branco seco e frutado (Pinot Blanc, Sauvignon Blanc, Gavi, Arinto), Chardonnay de raça, Chablis Grand Cru, Grüner Veltliner, Riesling seco, Manzanilla

Espumante brut

◆ **SATAY**
(de origem indonésia, é um espeto de carne grelhada de porco ou frango, servido com molho de amendoim)

Sémillon, Gewürztraminer, Fernão Pires, Chardonnay barricado

Syrah

◆ **SOPA DE MISSÔ**

Manzanilla, Jerez Fino

◆ **SOPA DE PEIXE COM COENTRO E CÍTRICOS**

Riesling Kabinett, Grüner Veltliner, Pinot Grigio

◆ **SUSHI**

Riesling seco da Alsácia, Alemanha ou Áustria, Grüner Veltliner, Muscadet, Sauvignon Blanc, Chenin Blanc, Gavi, Pinot Grigio, Manzanilla, Chablis, Viognier, *Torrontés, Gewürztraminer*

Espumante nature, extra brut ou brut

Rosé da Provence

Beaujolais nouveau

◆ SUKIYAKI
(prato típico do Japão, é uma espécie de ensopado em que a carne, fatiada bem fina, é cozida com legumes, verduras e vários outros ingredientes)

Pinot Noir, Gamay, Côtes du Rhône

Jerez Amontillado

◆ TEMPURA DE CAMARÃO
◆ TEMPURA DE PEIXE
◆ TEMPURA DE VEGETAIS

Manzanilla, Jerez Fino, Sauvignon Blanc, Soave, Muscadet, Chablis, Bordeaux branco, Gavi, Pinot Blanc da Alsácia, Torrontés

◆ TEPPANYAKI DE CARNE
(prato típico do Japão, em que a carne é grelhada na chapa)

Malbec de bom corpo, Pinot Noir

◆ TEPPANYAKI DE FRANGO, LEGUMES OU FRUTOS DO MAR

Sauvignon Blanc, Riesling, Viognier

◆ TERIYAKI DE CARNE
(marinada em saquê e, depois, grelhada)

Cabernet Sauvignon, Merlot, Zinfandel, Syrah, tinto de Bordeaux, Rioja, Nero d'Avola, Primitivo, *Porto Vintage, Banyuls*

◆ TERIYAKI DE FRANGO

Cru de Beaujolais (Fleurie, Morgon), Pinot Noir

Riesling meiosseco

◆ TERIYAKI DE SALMÃO

Pinot Noir

Chardonnay barricado californiano ou australiano, Riesling meiosseco da Alsácia ou da Alemanha

◆ TON KHA GAI
(sopa tailandesa de frango com leite de coco)

Gewürztraminer meiodoce

◆ YAKISOBA DE CAMARÃO

Gewürztraminer seco, Sauvignon Blanc

Espumante brut

◆ YAKISOBA DE CARNE

Pinot Noir da Nova Zelândia ou do Chile, Dolcetto, Valpolicella, Beaujolais-Villages

◆ YAKISOBA DE FRANGO

Tinto de médio corpo: Cabernet Franc ou Merlot brasileiro, Chinon, Côtes du Rhône, Montepulciano d'Abruzzo, Sangiovese di Romagna

Rosé seco de médio corpo

◆ YAKISOBA DE LEGUMES

Rosé seco de médio corpo

"O vinho estimula o apetite e dá gosto aos alimentos. Ele favorece as discussões, a euforia, e pode transformar uma simples refeição num evento memorável"

Derek Cooper (1925–2014)

Jornalista britânico especializado em vinhos e gastronomia

Diversos

Não é carne, não é peixe, então está aqui: escargots, ovos, polenta, rã. Nas preparações à base de ovos, repare como o uso de ingredientes diversos aponta na direção de vinhos com características diferentes, desde brancos de grande frescor (Sauvignon Blanc) até tintos de Pinot Noir. Uma curiosidade: no filme "O pecado mora ao lado" ("The seven year itch"), de 1955, Marilyn Monroe comia batata frita com champanhe. Sendo assim, estamos em boa companhia.

◆ **AMÊNDOAS TOSTADAS**

Jerez Fino, Manzanilla, Madeira Sercial

◆ **ASPIC**
(prato em que os ingredientes são colocados numa gelatina feita de caldo de carne ou consomé)

Riesling seco

◆ **BAGNA CAUDA**
(prato italiano do Piemonte, em que vegetais são mergulhados num molho à base de alici)

Barbera d'Asti, Barbera d'Alba, Dolcetto d'Asti, Grignolino, Freisa, Nebbiolo d'Alba, Vinho Verde tinto

Rosé da Provence

◆ **BATATA CALABRESA**

Jerez Fino

◆ **BATATA FRITA**

Pinot Grigio, Chardonnay sem madeira

Espumante brut

◆ **BURRITO**
◆ **ENCHILADA**
◆ **TACOS**
◆ **TORTILLA**

Barbera, Sangiovese, Tempranillo jovem, Pinotage, Malbec argentino, Cinsault, tinto português de Castelão (Periquita), Cannonau di Sardegna

Pinot Gris/Pinot Grigio, Sauvignon Blanc, Aligoté, Albariño, Chenin Blanc, Riesling seco

Rosé seco de médio corpo

◆ **CASTANHA ASSADA OU COZIDA**

Recioto della Valpolicella, Porto Ruby

◆ **CESTA DE PIQUENIQUE**
(com frango frio e presunto cru)

Rosé da Provence

Espumante brut

◆ **CHUCRUTE À ALSACIANA**
(Sauerkraut)

Riesling, Pinot Blanc ou Sylvaner seco da Alsácia, Chardonnay sem madeira, Pinot Gris, Gewürztraminer seco, Furmint

◆ **COGUMELOS COM MOLHO CREMOSO E MANTEIGA DE ALHO**

Tinto da Borgonha

Borgonha branco ou outro Chardonnay barricado

Champanhe safrado

◆ **COGUMELOS COM SHOYU**

Pinot Noir, Merlot, Rioja jovem

◆ **COGUMELOS CONSERVADOS NO AZEITE**
(comum nos antepastos italianos)

Gavi, Soave, Verdicchio dei

Castelli di Jesi

Rosé seco

◆ COGUMELOS EM MOLHO DE TOMATE

Chianti Classico, Sangiovese

◆ COGUMELOS ENSOPADOS

Brunello di Montalcino, Petit Verdot, Malbec de Cahors

◆ COGUMELOS RECHEADOS (portobello, shitake)

Zinfandel, Syrah

◆ COGUMELOS SALTEADOS NO AZEITE

Tempranillo, Pinot Noir, Cabernet Sauvignon, Rioja reserva, cru de Beaujolais (Fleurie, Morgon, Moulin-à-Vent), Merlot, Nebbiolo d'Alba, Pinotage, Malbec, Cabernet Franc do Trentino

◆ COGUMELOS SALTEADOS NO AZEITE DE TRUFAS

Viognier

◆ COGUMELOS SALTEADOS COM BACON

Shiraz, Garnacha

Espumante brut ou extra brut

◆ COXA DE RÃ FRITA

Pinot Noir do Novo Mundo

Mâcon branco, Pinot Blanc ou Sylvaner da Alsácia, Savennières Coulée de Serrant

◆ CREPE DE PRESUNTO
◆ CREPE DE QUEIJO

Pinot Blanc, Gavi, Soave

◆ CUSCUZ PAULISTA COM CAMARÃO OU COM SARDINHA

Chardonnay barricado do Novo Mundo

Rosé seco de médio corpo

Tinto jovem e frutado

◆ ESCARGOTS À LA BOURGUIGNONNE
(com manteiga, alho e salsa)

Chablis, Mâcon branco, Aligoté, Chardonnay com pouca madeira, Sauvignon Blanc do Loire, Fiano de Avellino, Greco di Tufo, branco siciliano de Inzolia, branco do Rhône

Pinot Noir, Chinon, Bourgueil, Chianti, Montepulciano d'Abruzzo, Bordeaux Supérieur

Rosé espanhol

Espumante nature

◆ ESCARGOTS EN CROÛTE
(enrolados em massa folhada)

Branco seco e vivo, medianamente aromático: Sylvaner, Chablis, Aligoté

Rosé seco de médio corpo

◆ **GUACAMOLE**

Branco seco, aromático e com boa acidez (Sauvignon da Nova Zelândia, Verdejo), Moscatel seco, Chardonnay com pouca madeira, Chenin Blanc

Espumante brut

Rosé da Provence

◆ **JACARÉ (CAUDA)**

Branco de boa acidez e sabor marcante: Chablis Premier Cru, Chardonnay da Borgonha

◆ **MANIÇOBA E TACACÁ**

Espumante brut, extra brut ou nature

◆ **MOQUECA DE BANANA DA TERRA**
(leva azeite de dendê, coentro, tomate)

Sauvignon Blanc, Verdejo

Espumante brut

◆ **NACHOS**
(prato mexicano, leva tortilha de milho, feijão, carne, queijo e outros ingredientes)

Chenin Blanc ou Sauvignon Blanc com madeira

◆ **NOZES**

Manzanilla, Jerez Amontillado ou Oloroso, Madeira seco

◆ **OEUFS EN MEURETTE**
(prato típico da Borgonha, em que os ovos são preparados com vinho tinto e cebola roxa, servidos sobre uma fatia de pão)

Pinot Noir ou o mesmo vinho usado na preparação do prato, Volnay

◆ **OMELETE OU OVOS MEXIDOS MISTOS**
◆ **OMELETE OU OVOS MEXIDOS COM PRESUNTO**
◆ **OMELETE OU OVOS MEXIDOS COM QUEIJO**
◆ **OMELETE OU OVOS MEXIDOS SIMPLES**

Pinot Blanc ou Riesling da Alsácia, Chardonnay sem madeira, Friulano, Torrontés

Espumante brut

◆ **OMELETE COM ERVAS AROMÁTICAS**
◆ **OMELETE COM QUEIJO DE CABRA**

Sancerre, Pouilly-Fumé, Chablis, Soave, Gavi

◆ **OVOS BENEDITINOS**
(Eggs benedict, prato tradicional dos EUA, com ovo poché, presunto ou bacon e molho hollandaise, servido sobre uma torrada)

Sauvignon Blanc (se o molho for bem puxado no limão) ou Chardonnay ligeiramente barricado, Pinot Blanc da Alsácia

Espumante brut: Cava, Crémant da Alsácia, espumante brasileiro

◆ OVOS MEXIDOS COM CREME OU QUEIJO

Chardonnay sem barrica, Friulano

◆ OVOS DE CODORNA

Branco de boa acidez sem madeira: Sauvignon Blanc, Verdejo, Chenin Blanc, Aligoté

Espumante brut

◆ OVOS FRITOS COM BACON

Bordeaux à base de Cabernet Sauvignon

◆ OVOS FRITOS OU MEXIDOS

Branco seco simples, ligeiro e frutado: Chardonnay com pouca madeira, Aligoté, Pacherenc du Vic-Bilh, Trebbiano di Romagna, Trebbiano d'Abruzzo

◆ OVOS MEXIDOS COM ASPARGOS

Sauvignon Blanc, Chardonnay sem madeira, Sémillon

◆ OVOS MEXIDOS COM COGUMELOS

Chardonnay ou Sémillon sem madeira

Espumante brut ou extra brut

◆ OVOS MEXIDOS COM LASCAS DE TRUFAS

Viognier ou Chardonnay barricado de alta qualidade

◆ OVOS MEXIDOS COM SALMÃO

Champanhe ou espumante brut ou extra brut

◆ OVOS MEXIDOS COM SALMÃO DEFUMADO

Champagne ou espumante brut, extra brut ou nature de bom corpo

◆ PISSALADIÈRE
(prato típico de Nice, uma espécie de pizza com cebolas e pasta de alici)

Branco da Provence (Bellet) ou do Roussillon (Collioure), Riesling seco

Rosé da Provence, rosé de Tavel

◆ POLENTA

Barbera, Merlot do Friuli, Marzemino, Cabernet Franc, Valpolicella Superiore, Pinot Nero

◆ POLENTA COM CHAMPIGNONS

Pinot Nero, Merlot, Lagrein, Marzemino

◆ **POLENTA COM GORGONZOLA**

Barbera d'Asti, Sangiovese di Romagna, Montepulciano d'Abruzzo

◆ **POLENTA COM MOLHO DE LINGUIÇA E FUNGHI**

Nebbiolo, Barbera d'Asti, Cabernet Franc do Trentino, Morellino di Scansano

◆ **PURÊ DE BATATAS**

Chardonnay sem madeira

◆ **RÃ À PROVENÇAL**
(o molho leva tomate, alho, limão, azeite, alecrim)

Branco do Rhône das variedades Marsanne e Roussane, Chardonnay sem madeira, Condrieu, Arbois branco, Sylvaner da Alsácia

◆ **TORTILLA DE BATATA E CEBOLA**

Verdejo, Jerez Fino, Rioja branco barricado, Torrontés

Rosé seco de médio corpo

Rioja Crianza, Cabernet simples

◆ **TREMOÇOS**

Vinho branco do Alentejo

◆ **TRUFA BRANCA**

Barolo, Barbaresco

◆ **TRUFA NEGRA**

Châteauneuf-du-Pape, Madiran, Cabernet Sauvignon de Saint-Emilion, Pomerol ou Pauillac, Merlot

"Uma refeição sem vinho é como um dia sem sol"

Anthelme Brillat-Savarin (1755–1826)

Advogado, político e gastrônomo francês

Entradas, tira-gostos e petiscos

Numa roda de amigos, em que a conversa rola solta, em geral a intenção não é fazer uma refeição completa, mas apenas beliscar umas coisinhas. É aí que entram as azeitonas, o bolinho de aipim, a empadinha ou o pastel. Não é por serem petiscos simples ou ligeiros que dispensam o vinho: quem já provou uma boa empanada com um Malbec argentino sabe do que estou falando.

Quanto às *tapas* espanholas, são tira-gostos diversos que podem ser servidos frios ou quentes antes das refeições, ou até mesmo substituí--las. Alguns historiadores sustentam que a palavra *tapa* deriva do verbo "tapar", e teria origem num costume da Idade Média, quando os copos eram servidos com uma fatia de presunto, queijo ou morcela por cima, para evitar que caíssem moscas dentro do Jerez. Assim, a julgar por essas informações, a tradição teria se iniciado na região da Andaluzia, no sul da Espanha. Outros acreditam que as iguarias surgiram quando, no fim da tarde, na hora do aperitivo habitual dos espanhóis, alguns bares começaram a servir pequenas porções de alimentos como cortesia, para evitar que os trabalhadores bebessem de estômago vazio.

O correspondente grego são as *mezédhes* (no singular, *mezés*), palavra de origem turca. Na Grécia, é habitual o convite: "Éla giá éna mezé", que significa "vem para um tira-gosto" – na verdade, uma mesa com vários pratinhos de azeitonas, manjubinhas fritas, salada grega, *saganaki* (queijo haloumi frito flambado ou não), *taramossalata* (pasta à base de ovas de peixe), *tsatsiki* (pasta de iorgurte com pepino), *doldadhes* (folhas de uva recheadas), *keftedhes* (minialmôndegas), tudo acompanhado de pão.

◆ **ABARÁ**
(prato típico da Bahia, é um bolinho de feijão fradinho descascado e moído, temperado com sal, cebola, azeite de dendê e camarão seco, embrulhado em folha de bananeira e cozido em banho-maria ou no vapor)

Gewürztraminer, Riesling seco

◆ **ACARAJÉ**

Vinho Verde branco, Sauvignon Blanc, Riesling seco, Gewürztraminer

Espumante brut

◆ **AIPIM FRITO**

Pinot Grigio, Chardonnay sem madeira

Espumante brut

◆ **ALCACHOFRAS EM CONSERVA**

Jerez Fino

Rosé da Provence

◆ **ANTEPASTOS**
(abobrinha, berinjela, tomate seco)

Tinto leve e frutado (Dolcetto, Valpolicella, Côtes du Rhône, Gamay, Chinon), Barbera d'Asti, Sangiovese sem madeira

Pinot Grigio, Frascati, Soave, Orvieto seco, Greco di Tufo, Verdicchio dei Castelli di Jesi, Chenin Blanc, Chardonnay do Friuli, Riesling

Rosé seco ligeiro

Prosecco

◆ **ANTEPASTOS DE FRUTOS DO MAR**

Vermentino di Sardegna, Verdicchio dei Castelli di Jesi, Pinot Grigio, Chardonnay sem madeira, Trebbiano d'Abruzzo, Picpoul de Pinet

Espumante brut

◆ **AZEITONAS PRETAS**

Jerez Fino

Tinto do Alentejo, tinto da Provence (Bandol, Cassis, Coteaux d'Aix-en-Provence)

◆ **AZEITONAS VERDES**
(inclusive recheadas)

Jerez Fino, Manzanilla, Amontillado, Arinto, Riesling

Rosé da Provence

◆ **BARQUETE DE CAMARÃO**
◆ **BARQUETE DE FRUTOS DO MAR**

Branco seco e com boa acidez: Graves, Chablis Premier Cru, Aligoté, Chenin Blanc, Falanghina, Gavi, Müller-Thurgau

◆ **BEIJU COM CARNE SECA**
◆ **BOLINHO DE AIPIM COM CARNE SECA**

Rioja Crianza, Tannat ou Cabernet Franc brasileiro

◆ **BOLINHAS DE QUEIJO**

Sancerre, Pouilly-Fumé, Sauvignon Blanc do Novo Mundo

Rosé da Provence

◆ **BOTTARGA**
(ova de peixe salgada e seca, servida sobre pão)

Na Itália, a harmonização clássica é com o branco Vernaccia di Oristano, da Sardenha. Também Manzanilla, Jerez Fino, Sauvignon Blanc, Verdicchio dei Castelli di Jesi

Espumante brut

◆ **BRUSCHETTA**
(é feita com pão italiano escuro)
◆ **CROSTINI**
(feito com qualquer pão branco - baguette, ciabatta e outros - com coberturas diversas: tomate, champignons, tapenade, salmão, fígado, pimentão grelhado, presunto, salame)

Sangiovese jovem, Merlot brasileiro, Chianti, Valpolicella

Chardonnay sem barrica, Pinot Gris da Alsácia

Rosé de Tavel

◆ **CALDINHO DE MOCOTÓ**

Merlot ou Cabernet Franc brasileiro

Manzanilla

Lambrusco

◆ **CALDINHO DE SIRI**
◆ **CALDINHO DE SURURU**

Manzanilla, Jerez Fino, Amontillado, Riesling seco

Rosé seco ligeiro

Tinto leve: Valpolicella, Dolcetto, Beaujolais

◆ **CAMARÃO EMPANADO**

Verdicchio dei Castelli di Jesi, Pinot Grigio, Sauvignon Blanc

Espumante brut

◆ **CANAPÉ DE ALICI**

Jerez Fino

Rosé seco de médio corpo

◆ **CANAPÉ DE CAMARÃO**

Chardonnay sem madeira, Sauvignon Blanc, Verdicchio dei Castelli di Jesi

Espumante brut

◆ **CANAPÉ DE CAVIAR**
◆ **CANAPÉ DE OVAS DE SALMÃO**

Espumante brut branco

Espumante brut rosé

◆ **CANAPÉ DE OVO DE CODORNA SOBRE MAIONESE**

Chardonnay sem barrica, Aligoté, Frascati, Vernaccia di San Gimignano

◆ CANAPÉ DE PATÊ

Orvieto abboccato, Vouvray moelleux, Gewürztraminer, Riesling, Pinot Gris/Pinot Grigio

Rosé seco de médio corpo

Espumante brut

◆ CANAPÉ DE SALMÃO
(inclusive defumado)

Espumante brut ou extra brut

Sauvignon Blanc

◆ CANAPÉ DE TRUTA DEFUMADA

Muscat da Alsácia, Riesling, Sauvignon Blanc, Grüner Veltliner

Espumante brut ou extra brut

◆ CANAPÉS DIVERSOS, NO CASO DE UM SÓ VINHO

Chardonnay sem madeira

Espumante brut, Prosecco

◆ CANAPÉS VEGETARIANOS

Chardonnay sem madeira, Pinot Grigio, Frascati, Soave

◆ CASQUINHA DE SIRI

Riesling alemão meiosseco, Verdicchio dei Castelli di Jesi, Riesling Itálico brasileiro

Espumante brut

◆ CASQUINHA DE SIRI COM LEITE DE COCO

Gewürztraminer

◆ CHARUTO DE FOLHA DE UVA RECHEADO (WARAK ENAB)

Branco seco libanês, Chardonnay com pouca madeira, Sauvignon Blanc do Novo Mundo

◆ COXINHA DE GALINHA
◆ RISOLES

Chardonnay com pouca madeira

Espumante brut

◆ COXINHA DE GALINHA COM CATUPIRY

Gamay, Merlot brasileiro, Sangiovese di Romagna

Chardonnay com pouca madeira

◆ CROQUETE DE CAMARÃO
◆ CROQUETE DE PEIXE

Jerez Fino, Sauvignon Blanc

◆ CROQUETE DE CARNE

Merlot brasileiro, Tempranillo sem madeira, Dolcetto, Sangiovese di Romagna, Chianti, Côtes du Rhône

◆ CROQUETE DE FRANGO

Marzemino, Merlot, Rosso Piceno, Sangiovese, Bardolino,

Valpolicella, Barbera d'Asti, Beaujolais

◆ EMPADA DE CAMARÃO
◆ EMPADÃO DE CAMARÃO

Chardonnay sem madeira, branco de Fernão Pires

Rosé seco de médio corpo

Espumante brut

◆ EMPADA DE CARNE SECA

Merlot ou Cabernet brasileiro ou chileno, Tempranillo jovem, Tannat uruguaio ou brasileiro, Carmenère

◆ EMPADA DE FRANGO

Chardonnay sem madeira, Chenin Blanc, Viognier

◆ EMPADA DE FRANGO COM CATUPIRY
◆ QUIBE DE FRANGO COM CATUPIRY

Chardonnay com ligeira passagem por madeira, Pinot Gris

◆ EMPADA DE PALMITO

Chardonnay sem madeira, Chenin Blanc, Pinot Grigio, Soave

Espumante brut

◆ EMPADA DE QUEIJO

Chardonnay com pouca madeira

Rosé seco ligeiro

◆ EMPANADA
◆ PASTEL DE CARNE

Carmenère, Malbec argentino, Cabernet Sauvignon ou Merlot brasileiro, Merlot chileno, Syrah argentino, Rioja crianza, Rosso Piceno, Montepulciano d'Abruzzo, tinto do Douro

◆ ESFIHA DE CARNE

Chinon, Bourgueil, Beaujolais, Gamay, Pinot Noir do Novo Mundo, Merlot brasileiro

◆ ESFIHA DE QUEIJO

Borgonha branco, Pouilly-Fumé, Pinot Grigio

Rosé seco de médio corpo

◆ ESFIHA DE VERDURA
◆ EMPANADA DE ESPINAFRE

Chardonnay sem madeira

◆ FALAFEL

Tinto leve ou de médio corpo com boa fruta: Chinon, Bourgueil, Cabernet Franc brasileiro, Tempranillo, Bonarda, Sangiovese

◆ FIGO ENROLADO COM PRESUNTO
◆ ABACAXI ENROLADO COM PRESUNTO

Riesling seco

Espumante brut

◆ HOMUS BI TAHINE

Furmint húngaro, branco grego de Assyrtiko, Retsina, Sauvignon Blanc, Chenin Blanc, Riesling

◆ MELÃO COM PRESUNTO

Se preferir vinhos secos:

Porto branco, Gewürztraminer, Rhône branco, Mâcon branco, Viognier, Malvasia del Collio, Orvieto, Torrontés, Pinot Grigio

Se preferir vinhos doces:

Porto Ruby

Madeira Boal, Muscat de Frontignan, Jerez doce, Passito di Pantelleria

◆ MIX DE NOZES, CASTANHA DO CAJU, AMÊNDOAS, AVELÃS E PASSAS

Manzanilla, Jerez Fino, Madeira Sercial, Porto branco seco, Fernão Pires

Espumante brut

◆ MOUSSE DE SALMÃO, TRUTA OU QUALQUER OUTRO PEIXE DEFUMADO

Sauvignon Blanc

Rosé da Provence

Espumante brut

◆ PÃO DE QUEIJO
◆ FOLHADO DE QUEIJO
◆ GOUGÈRE

(uma espécie de pão de queijo francês, feito geralmente com queijo Gruyère)

Chablis, Chardonnay sem madeira

Espumante brut

◆ PASTA DE ATUM

Chardonnay sem madeira ou com pouca madeira

Rosé da Provence

◆ PASTA DE BERINJELA (BABAGANUCHE)

Merlot, Shiraz, Pinotage

Vinho branco com nota defumada: Pouilly-Fumé, Fumé Blanc de Robert Mondavi, Retsina grego, Sémillon australiano evoluído

Rosé seco de médio corpo, rosé da Provence

◆ PASTA DE BERINJELA ACOMPANHADA DE IOGURTE

Sauvignon Blanc

Espumante brut

◆ PASTA DE FRANGO

Chardonnay com pouca madeira, Chenin Blanc, Viognier

◆ PASTEL DE CAMARÃO

Chardonnay do Novo Mundo

Rosé seco de médio corpo

Espumante brut

◆ **PASTEL DE FRANGO**

Chardonnay sem madeira

◆ **PASTEL DE PALMITO**

Viognier, Chardonnay sem madeira, Pinot Grigio

◆ **PISTACHE**

Espumante brut

◆ **QUIBE CRU**

Gamay, Pinot Noir, Sangiovese di Romagna, Dolcetto, Valpolicella

◆ **QUIBE DE CARNE FRITO OU DE FORNO**

Merlot brasileiro ou chileno, Cabernet Sauvignon, Malbec argentino

◆ **QUIBE DE FRANGO**

Tempranillo jovem

Chardonnay com pouca madeira, Viognier

◆ **SACANAGEM (BAGATELLES)**

Chardonnay sem madeira, Chenin Blanc

Rosé seco ligeiro

◆ **SARDELLA**

Rosé seco de médio corpo, rosé da Provence

◆ **SMÖRGASBORD**
(típico da Escandinávia, é uma refeição que reúne diversos pratos, entre eles peixes como arenque e salmão, e carnes, como salsichas e almôndegas)

Riesling seco ou meiosseco, Grüner Veltliner, Manzanilla

◆ **TAPAS**
◆ **MEZÉDHES**

Jerez fino, Amontillado, Manzanilla, branco grego de Assyrtiko, branco espanhol do Penedès, Sauvignon Blanc

Rosé da Rioja ou da Navarra

Espumante brut branco

Espumante brut rosé

◆ **TAPENADE**

Jerez Fino, Manzanilla

Rosé seco de médio corpo, rosé da Provence

◆ **TAPIOCA COM CARNE SECA**

Cabernet Franc ou Tannat brasileiro

◆ **TAPIOCA COM MANTEIGA, QUEIJO COALHO E COCO**

Chardonnay com pouca madeira

◆ **TORRESMO**

Espumante brut

Feijão

Quem foi que decretou que uma feijoada e um caldinho de feijão têm de ser acompanhados de caipirinha ou de cerveja? Para quem aprecia, tudo bem. Mas o amante do vinho tem pelo menos umas dez diferentes sugestões, que vão fazer bonito com esses pratos tão ao gosto do brasileiro – dos brancos com boa acidez até os tintos com uma boa carga de taninos, é questão de gosto pessoal. Você vai se surpreender, por exemplo, com a sinergia entre um bom espumante brasileiro e as carnes gordas da feijoada. Prove e depois me conte.

◆ BAIÃO DE DOIS

(prato nordestino, leva feijão verde, carne de sol, queijo coalho, arroz)

Tinto jovem e frutado: Cabernet Franc ou Merlot brasileiro, Tempranillo, Malbec argentino, Barbera, Lagrein, Côtes du Rhône

◆ CALDINHO DE FEIJÃO COM TORRESMO

Jerez Fino, Manzanilla

Syrah

Espumante brut

◆ FEIJÃO TROPEIRO

(prato típico do Rio Grande do Sul)

Carmenère com madeira, Cabernet Franc ou Merlot brasileiro, Malbec argentino,Tempranillo, Sangiovese, Chianti, Lagrein, Côtes du Rhône

◆ FEIJÃO VERDE

(conhecido como feijão de corda, é servido com legumes)

Chardonnay sem madeira, Pinot Grigio

◆ FEIJÃO VERDE COM CARNES

(peito de boi, linguiça)

Sangiovese, Tempranillo jovem

◆ FEIJOADA

Moulin-à-Vent, Carignan, Saint-Joseph, Côte-Rôtie, Tannat, Shiraz australiano ou chileno, tinto da Bairrada, Fitou, Cabernet Sauvignon brasileiro, Malbec argentino, tinto português de Castelão

Branco rico em acidez: Vinho Verde, Verdejo

Espumante brut branco

Espumante brut rosé

Espumante brut tinto, Lambrusco seco

◆ TUTU À MINEIRA

Bairrada tinto, Priorato, Shiraz, Pinot Noir jovem

Riesling meiosseco

"Todos os quatro elementos estavam perfeitamente equilibrados: a comida, o vinho, o serviço e o ambiente. Isso me ensinou que um jantar pode acontecer num nível espiritual"

Charlie Trotter (1959–2013)

Chef de cozinha e restaurateur americano

Frutas

Já provou uma salada de frutas com um Asti ou com um espumante demi- sec? Ou um prato de frutinhas vermelhas com um Pinot Noir bem refrescado? O resultado é muito agradável! A harmonização de frutas com vinho segue duas vertentes: em alguns casos, vinhos secos com muito frescor (Riesling, Sauvignon Blanc, Pinot Noir); em outros, vinhos doces (em geral, brancos, sempre com boa acidez). Mas vale lembrar que, especialmente no caso das frutinhas vermelhas – e mais ainda quando se fala de morangos –, elas devem estar bem maduras.

◆ **ABACATE**

Chenin Blanc

Rosé seco ligeiro

◆ **ABACAXI**

Vouvray moelleux, Jurançon moelleux

◆ **CEREJA**

Borgonha tinto jovem, Gamay, Sancerre tinto

◆ **DAMASCO**

Viognier

◆ **FIGO**

Cinsault refrescado

Riesling seco

◆ **FIGO ASSADO COM ESPECIARIAS E VINHO TINTO**

Banyuls

◆ **FRAMBOESA**

Beaujolais-Villages

Riesling seco

◆ **FRUTAS FRESCAS EM GERAL**

Moscato d'Asti, brancos doces do Loire (Bonnezeaux, Coteaux du Layon, Quarts de Chaume), Porto branco doce, Asti, Moscatel espumante brasileiro, espumante demi-sec

◆ **LICHIA**

Gewürztraminer de colheita tardia

◆ **MAÇÃ**

Sauvignon Blanc, Riesling

◆ **MANGA**

Branco doce do Loire (Bonnezeaux, Coteaux du Layon, Quarts de Chaume), Vouvray moelleux, Sauvignon Blanc da Nova Zelândia

◆ **MELÃO**

Porto Ruby, Banyuls

Muscat de Beaumes-de-Venise, Muscat da Alsácia, Monbazillac

Asti, Clairette de Die, espumante demi-sec

Rosé seco ligeiro

◆ **MORANGO**

Moscato d'Asti, Muscat de Rivesaltes, Riesling seco

Rosé de Tavel

Espumante demi-sec, Asti

Espumante rosé

Lambrusco amabile

Porto Ruby ou LBV, Pinot Noir, Beaujolais, Zinfandel, *Cinsault refrescado*

◆ **NECTARINA**
◆ **PÊSSEGO**

Porto Tawny ou Tawny 10 Anos

Viognier, Muscat de Rivesaltes

Rosé frutado e elegante

Lambrusco amabile

◆ **SALADA DE FRUTAS**

Moscatel espanhol, Muscat de Rivesaltes, Moscato d'Asti, Riesling Auslese, Late Harvest, branco doce do Loire (Bonnezeaux, Coteaux du Layon, Quarts de Chaume), Torrontés, Porto branco, Jerez doce, Madeira doce

Asti, espumante demi-sec

◆ **SOPA DE FRUTAS VERMELHAS**
(morangos, framboesas, amoras bem maduras, sem açúcar ou creme)

Pinot Noir, Sancerre tinto, Rasteau

Rosé da Provence

Frutos do mar

Algumas das harmonizações clássicas entre vinho e comida estão nesta categoria. Desde caviar com champanhe até ostras com Chablis, passando pela lagosta com um grande branco da Borgonha, é incrível como os frutos do mar se entendem com vinhos brancos secos, de boa acidez e muitas vezes aromáticos. A moqueca, por exemplo, encontra um parceiro perfeito no Sauvignon Blanc – mas fique muito claro que esse affair só será duradouro se a moqueca for a capixaba, que não leva dendê nem leite de coco. Com a baiana, só com muita figa de guiné e com as bênçãos do Senhor do Bonfim!

◆ AÇORDA DE CAMARÃO
◆ AÇORDA DE MARISCOS

Sauvignon Blanc, Verdejo, Vinho Verde branco

Espumante brut

◆ AMÊIJOAS À BULHÃO PATO (prato tradicional da Estremadura, que leva alho, coentro e vinho branco)

Branco de Fernão Pires, Arinto, Jerez Fino, Sauvignon Blanc

◆ BOBÓ DE CAMARÃO

Branco seco com pouca madeira (Chardonnay do Novo Mundo, Sauvignon Blanc, Riesling), Viognier, Vernaccia di San Gimignano, Vinho Verde branco, *Gewürztraminer, Torrontés*

◆ BROCHETE DE CAMARÃO
◆ BROCHETE DE FRUTOS DO MAR

Gewürztraminer do Alto Adige, Sauvignon Blanc

◆ CALDEIRADA DE FRUTOS DO MAR

Riesling, Chardonnay barricado, Pinot Gris, Sauvignon Blanc, Verdejo

◆ CALDEIRADA DE FRUTOS DO MAR COM MOLHO DE TOMATE

Pinot Noir, Barbera, Sangiovese

◆ CAMARÃO AO ALHO E ÓLEO
◆ CAMARÃO NO BAFO

Chablis, Jerez Fino, Manzanilla, Rioja branco, Verdejo, branco do Languedoc-Roussillon

Rosé da Provence

Espumante brut

◆ CAMARÃO COM CATUPIRY

Rioja branco

◆ CAMARÃO COM CHUCHU

Sauvignon Blanc da Nova Zelândia

◆ CAMARÃO COM LEITE DE COCO

Pouilly-Fumé, Sancerre, Sauvignon do Vale de Casablanca, Gewürztraminer

◆ CAMARÃO FRITO

Verdicchio dei Castelli di Jesi, Ribolla Gialla, Jerez fino, Albariño, Mâcon branco, Muscadet, Chardonnay com pouca madeira, Sancerre, Pouilly-Fumé, Sauvignon Blanc em geral, Condrieu

Rosé da Provence

Espumante brut

◆ CAMARÃO NA MORANGA

Vouvray moelleux, Orvieto abboccato, Riesling meiosseco

◆ **CARANGUEJO**

Riesling seco australiano, californiano ou alemão, Sauvignon Blanc, Muscadet, Graves branco, Viognier, Chablis, Chardonnay barricado, Chenin Blanc, Manzanilla, Furmint, Riesling Spätlese, Arinto, Pouilly-Fuissé, Albariño, Sémillon australiano ou sul-africano

Champanhe safrado

Rosé da Provence

◆ **CARURU**

Chardonnay brasileiro sem madeira

Espumante brut

◆ **CAVAQUINHA**

Muscadet sur lie, Vermentino di Sardegna, Verdicchio dei Castelli di Jesi, Chablis, Viognier

Espumante brut

◆ **CAVIAR**

Sancerre, Riesling, Jerez Fino, Pinot Gris da Alsácia, Chardonnay ou Sémillon sem madeira, Alvarinho/Albariño

Champanhe safrado

◆ **CEVICHE DE CAMARÃO**

Sauvignon Blanc, Verdejo, Vinho Verde branco, Albariño

Espumante extra brut

◆ **CEVICHE DE VIEIRAS COM ABACATE**

Encruzado

◆ **COQUETEL DE CAMARÃO**

Riesling seco, Pinot Blanc, Pinot Grigio, Chenin Blanc, Picpoul de Pinet, Saint-Véran, *Sauternes*

Rosé seco ligeiro

Espumante brut

◆ **CRUSTÁCEOS EM GERAL**

Muscadet sur lie, Chablis, Graves branco, Pouilly-Fumé, Mâcon branco, Chardonnay do Alto Adige, Gewürztraminer do Alto Adige, Fiano di Avellino, Orvieto seco, Vermentino di Sardegna, Vernaccia di San Gimignano, Verdicchio dei Castelli di Jesi, Arinto

Espumante brut

◆ **ENSOPADO DE LULA E POLVO**

Vernaccia di San Gimignano

◆ **ESTROGONOFE DE CAMARÃO**

Rosé seco ligeiro

Riesling meiosseco

◆ **FRIGIDEIRA DE SIRI**

Sauvignon Blanc, Gavi, Soave, Riesling seco

Rosé da Provence

Espumante brut

◆ **FRITURA MISTA DE LULA, CAMARÃO, LAGOSTIM (FRITTO MISTO DI MARE)**

Verdicchio dei Castelli di Jesi, Vermentino di Sardegna, Pinot Grigio, Gavi, Ribolla Gialla, Orvieto, Pinot Gris, Chardonnay sem madeira, Sauvignon Blanc

Espumante brut

◆ **FRUTOS DO MAR EM GERAL**

Branco seco com boa acidez: Sancerre, Pouilly-Fumé, Muscadet, Bordeaux branco, Chardonnay sem madeira, Sauvignon Blanc do Novo Mundo, Chablis, Viognier, Verdejo, Albariño, Vinho Verde branco, Vernaccia di San Gimignano, Riesling seco

Rosé seco ligeiro

Espumante brut ou extra brut

◆ **LAGOSTA COZIDA AO MOLHO DE MANTEIGA**

Branco macio, ligeiramente aromático (Sauvignon Blanc do norte da Itália, Verdicchio dei Castelli di Jesi, Chablis Grand Cru ou Premier Cru), Encruzado

Champanhe safrado

◆ **LAGOSTA AO MOLHO BRANCO**
◆ **CAVAQUINHA AO MOLHO BRANCO**

Branco de qualidade da Borgonha (Corton-Charlemagne, Meursault, Montrachet), Château-Chalon

◆ **LAGOSTA AO THERMIDOR**

Grande vinho branco com buquê elegante (Montrachet, Chevalier-Montrachet, Bâtard-Montrachet, Meursault, Corton-Charlemagne, Chablis Grand Cru, Condrieu, Graves branco, Riesling da Alsácia), Chardonnay barricado, Greco di Tufo

Champanhe rosé safrado

◆ **LAGOSTA GRELHADA**

Graves branco, Chablis Grand Cru ou Premier Cru, Mâcon branco, Vermentino di Sardegna, Verdicchio dei Castelli di Jesi, Rioja branco maduro

Champanhe rosé safrado

◆ **LAGOSTIM COZIDO COM MAIONESE**

Vouvray, Pouilly-Fumé, Viognier, Chablis, Meursault, Mâcon branco, Graves

branco, Riesling, Albariño/ Alvarinho

◆ LAGOSTIM GRELHADO

Chardonnay sem madeira, Sancerre, Pouilly-Fumé, Verdicchio dei Castelli di Jesi, Albariño/Alvarinho

◆ LULA À DORÉ
◆ LULA AO VINAGRETE

Branco com boa acidez: Sauvignon Blanc, Chenin Blanc, Pinot Gris/Pinot Grigio, Bianco di Custoza, Pinot Bianco, Trebbiano d'Abruzzo, Chardonnay com pouca madeira

Rosé seco ligeiro

Espumante brut

◆ LULA GRELHADA

Soave, Pinot Grigio, Rioja branco, Manzanilla

Rosé seco ligeiro

◆ LULA NA PRÓPRIA TINTA

Merlot, Syrah jovem

◆ LULA RECHEADA

Ribolla Gialla, Riesling

◆ LULA ENSOPADA COM TOMATE E VINHO TINTO

Pinot Noir, Barbera, Pinotage

◆ MARISCOS

Aligoté, Muscadet sur lie, Mâcon branco, Verdicchio dei Castelli di Jesi, Jerez Fino, Alvarinho/Albariño, Arinto, Chenin Blanc

◆ MEXILHÕES AO VINAGRETE

Soave, Trebbiano d'Abruzzo

Espumante brut

◆ MEXILHÕES COZIDOS NO VINHO BRANCO

Soave Clássico, Verdicchio dei Castelli di Jesi, Greco di Tufo, Vernaccia di San Gimignano, Muscadet , Sauvignon Blanc, Manzanilla, Pinot Gris, Chablis, Rully, Arinto, Chardonnay da Nova Zelândia

Rosé seco ligeiro

◆ MEXILHÕES COM BATATAS FRITAS (MOULES FRITES)

Sauvignon Blanc, Chenin Blanc, Riesling, Verdicchio dei Castelli di Jesi, Muscadet, Sancerre, Alvarinho/Albariño

◆ MEXILHÕES EM ESCABECHE

Jerez Fino, Manzanilla, Arinto

◆ MEXILHÕES AO MOLHO DE TOMATE

Sauvignon Blanc, Chenin Blanc

◆ **MOLUSCOS EM GERAL (LULA, POLVO, VÔNGOLE)**

Trebbiano d'Abruzzo, Vernaccia di San Gimignano, Sauvignon Blanc da Nova Zelândia, Muscadet, Vinho Verde branco

Espumante brut

Rosé seco ligeiro

◆ **MOQUECA DE FRUTOS DO MAR**

Sauvignon Blanc, Riesling seco, Grenache branco

Rosé seco de médio corpo

◆ **MOQUECA DE SIRI**

Chardonnay, Riesling Spätlese

◆ **OSTRAS FRESCAS**

Chablis ou Chablis Premier Cru, Muscadet, Mâcon branco, Sancerre, Picpoul de Pinet, Alvarinho/Albariño, Gavi, Sauvignon Blanc da Nova Zelândia, Bordeaux branco, Riesling, Chardonnay sem madeira, Chenin Blanc, Manzanilla, *Moscato d'Asti*

Champanhe ou espumante blanc de blancs

Rosé seco ligeiro

◆ **OSTRAS COM MOLHO DE SHOYU**

Pinot Noir do Novo Mundo, Merlot, Rioja jovem

◆ **OSTRAS GRATINADAS**

Riesling Grand Cru da Alsácia, Pouilly-Fumé, Chardonnay ou Sémillon barricado

Rosé frutado e elegante

Champanhe ou espumante blanc de noirs

◆ **OURIÇO**

Sauvignon Blanc da Nova Zelândia ou de Casablanca, Muscadet sur lie, Riesling alemão seco

Champanhe brut ou extra brut

◆ **OVA DE PEIXE FRITA**

Verdicchio dei Castelli di Jesi, branco siciliano de Grillo ou Inzolia, Alvarinho/Albariño, Sauvignon Blanc

Rosé da Provence

◆ **PERCEBES**

Sauvignon Blanc, Alvarinho/Albariño

◆ **POLVO À LAGAREIRO**

Branco português de Arinto e Fernão Pires, Sauvignon Blanc do Novo Mundo

◆ **POLVO ENSOPADO COM TOMATE E AZEITONAS PRETAS (POLPO ALLA LUCIANA)**

Montepulciano d'Abruzzo, Etna tinto, Carignan, Tempranillo jovem sem madeira

Greco di Tufo

Rosé de médio corpo, rosé de Pinot Noir

◆ POLVO À GALEGA

Manzanilla, branco grego de Assyrtiko, Albariño, Rioja branco, branco da Provence

Rosé espanhol da Rioja ou da Navarra

Pinot Noir de Casablanca com pouca madeira

◆ POLVO COM ARROZ DE BRÓCOLIS

Pinot Grigio, Riesling Itálico, Trebbiano d'Abruzzo

◆ POLVO GRELHADO

Pinot Grigio, Friulano, Chardonnay sem madeira, Alvarinho/Albariño

◆ PRATO DE FRUTOS DO MAR
(Plateau de fruits de mer, ao natural, sem molho)

Graves branco, Entre-Deux-Mers, Sancerre, Pouilly-Fumé e outros Sauvignon Blanc, Chablis, Borgonha branco, Muscadet sur lie, Pinot Blanc, Riesling, Vinho Verde branco, Verdejo

Rosé da Provence

Champanhe blanc de blancs

Espumante rosé seco

◆ TORTA CAPIXABA
(leva bacalhau, siri, camarão, mexilhão, palmito)

Branco alentejano de Antão Vaz e Arinto, Sauvignon Blanc, Verdicchio dei Castelli di Jesi, Furmint, Chardonnay de bom corpo

◆ VATAPÁ

Cabernet Franc, Pinot Noir

Branco com muita estrutura: Chardonnay australiano ou californiano

◆ VIEIRAS (COQUILLES ST. JACQUES)

Chardonnay barricado, Bordeaux branco barricado, Hermitage branco, Pinot Gris da Alsácia, Chenin Blanc, Vouvray moelleux

Champanhe safrado

Champanhe safrado rosé

◆ VIEIRAS COM MOLHO CREMOSO

Riesling Spätlese, Montrachet, Chardonnay australiano de primeira linha

◆ VIEIRAS GRATINADAS COM PARMESÃO

Chardonnay barricado

Rosé seco de médio corpo

◆ **VIEIRAS FRITAS COM MOLHO TÁRTARO**

Sauvignon Blanc, Chablis Premier Cru

◆ **VOL-AU-VENT DE CAMARÃO**
◆ **VOL-AU-VENT DE SALMÃO**

Puligny-Montrachet, Meursault, Chablis, Soave

Rosé seco ligeiro

Espumante brut

◆ **VÔNGOLE**

Vinho Verde branco, Albariño

◆ **ZARZUELA DE MARISCOS** (prato típico espanhol, uma espécie de caldeirada, que leva vôngole, mexilhão, camarão e, eventualmente, lula e peixe)

Rosé espanhol da Rioja ou da Navarra

"O vinho torna as refeições especiais, as mesas mais elegantes, os dias mais civilizados"

André Simon (1877–1970)

Negociante de vinho, gourmet e escritor francês

Legumes e vegetais

Veja como ingredientes simples, do dia a dia, podem ser a base de pratos mais elaborados, e assim apontarem na direção de vinhos menos usuais. É o caso dos aspargos com molho hollandaise (que leva manteiga, gema de ovo e limão), da caponata siciliana (com berinjela, cebola, aipo, alcaparras) ou de um pimentão recheado. Vale muito a pena experimentar os diversos vinhos sugeridos e avaliar as sensações que cada um oferece.

◆ ABOBRINHA GRELHADA
◆ BERINJELA GRELHADA

Rosé da Provence

Carmenère

◆ ABOBRINHA RECHEADA

Crozes-Hermitage

Rosé seco de médio corpo

Chenin Blanc

◆ AIPIM COM MANTEIGA DE GARRAFA

Chardonnay com pouca madeira

◆ ALCACHOFRA

Manzanilla, branco grego de Assirtiko, Sauvignon Blanc da Nova Zelândia, Alvarinho/Albariño, Grüner Veltliner, Soave, Frascati, Rioja branco, Furmint

◆ ALCACHOFRA COM MOLHO HOLLANDAISE OU MAIONESE

Chardonnay de médio corpo barricado, Chablis sem madeira

Rosé da Provence, rosé de Tavel

Espumante nature

◆ ALHO-PORÓ GRATINADO

Branco seco e aromático: Gewürztraminer, Riesling

◆ ASPARGOS GRELHADOS

Jerez Fino, Rioja branco barricado, Sauvignon Blanc

Rosé da Provence

◆ ASPARGOS NA MANTEIGA OU COM MOLHO HOLLANDAISE

Sancerre, Pouilly-Fumé, Chenin Blanc, Muscat, Pinot Gris ou Pinot Blanc da Alsácia, Riesling alemão ou alsaciano, Grüner Veltliner, Bordeaux branco, Chardonnay jovem sem madeira, Chablis, Rioja branco barricado

Bourgueil

◆ BATATAS CORADAS
◆ BATATAS AO FORNO

Chardonnay, Viognier

Chianti Classico

◆ BERINJELA À PARMEGIANA COM MOLHO DE TOMATE

Chianti, Sangiovese, Tempranillo, Cabernet-Merlot

◆ BERINJELA RECHEADA COM CARNE OU COGUMELOS

Bandol, Côtes du Roussillon, Merlot, Tempranillo, Sangiovese, Negroamaro, Primitivo, tinto grego (Agiorgitiko, Xinomavro), Malbec de bom corpo

Rosé seco de médio corpo (Tavel, em especial)

Chardonnay de Casablanca

◆ BERTALHA OU ESPINAFRE COM OVOS

Difícil, mas tente um Chardonnay sem barrica

◆ CAPONATA SICILIANA

Nero d'Avola, Syrah da Sicília, Primitivo di Manduria

Marsala seco, branco do sul da Itália (Grillo, Inzolia), Sauvignon Blanc da Nova Zelândia

Rosé seco de médio corpo

◆ COMIDA VEGETARIANA

Viognier, Pinot Grigio, Chardonnay sem madeira

◆ CUSCUZ COM LEGUMES

Pinot Blanc, Châteauneuf-du-Pape branco

Rosé seco de médio corpo

Syrah, tinto libanês

◆ CUSCUZ COM LEGUMES E CURRY

Gewürztraminer

◆ COUVE-FLOR GRATINADA

Branco fresco: Sauvignon Blanc, Gavi, Riesling Itálico

◆ COUVE-FLOR À MILANESA

Chardonnay sem madeira, Chenin Blanc, Bianco di Custoza, Pinot Grigio

◆ FLOR DE ABOBRINHA FRITA

Sauvignon Blanc, Chardonnay sem madeira

◆ FRITO MISTO DE LEGUMES

Gavi, Soave

◆ FUNCHO

Sauvignon Blanc, Verdejo

◆ FUNCHO SALTEADO NA MANTEIGA OU GRATINADO

Chardonnay macio com pouca madeira, Pinot Grigio

◆ LEGUMES COZIDOS NO VAPOR OU GRELHADOS COM UM FIO DE AZEITE

Chardonnay sem madeira, Orvieto seco, Pinot Grigio

◆ LEGUMES CRUS (CRUDITÉS)

Branco seco e refrescante: Pinot Blanc, Pinot Grigio, Muscat da Alsácia, Chardonnay sem madeira, Chenin Blanc

Rosé da Provence

◆ MOUSSE DE AIPO

Grüner Veltliner, Riesling seco, Chardonnay sem madeira, Pinot Blanc

◆ PALMITO GRELHADO

Chardonnay sem madeira, Pinot Grigio, Sauvignon Blanc, Albariño

Espumante brut

◆ **PANQUECA DE ESPINAFRE**

Branco italiano não muito aromático (Soave, Bianco di Custoza, Frascati, Pinot Grigio), Chardonnay

◆ **PEPERONATA**
(é um refogado de pimentões)

Merlot do norte da Itália, Lagrein, Chinon

Jerez Fino, Gavi, Friulano, Inzolia, Verdicchio di Matelica

Rosé seco ligeiro

◆ **PIMENTÃO RECHEADO COM CARNE, ARROZ E ERVAS**

Carmenère, Cabernet Franc, Tempranillo, tinto de Grenache ou Garnacha, Zinfandel, Rioja Crianza

Riesling ou Sémillon australiano, *Gewürztraminer, Fiano di Avellino*

Rosé seco de médio corpo

◆ **PIMENTÃO VERMELHO GRELHADO COM ALHO, AZEITE E PIMENTA MOÍDA**

Chinon

Jerez Fino

◆ **PRATOS COM TRUFAS OU AZEITE DE TRUFAS**

Tempranillo

◆ **PUDIM DE CEBOLA**
◆ **PUDIM DE ABOBRINHA**

Pinot Gris, Gewürztraminer

◆ **QUIBEBE DE ABÓBORA**

Gewürztraminer, Vouvray moelleux, Orvieto abboccato

◆ **QUICHE DE ALHO-PORÓ**

Branco seco aromático (Gewürztraminer, Riesling da Alsácia, Grüner Veltliner), Viognier, Chardonnay com pouca madeira, Sauvignon Blanc, Pinot Grigio

◆ **QUICHE DE CEBOLA**
◆ **TORTA DE CEBOLA**

Branco seco aromático e frutado da Alsácia (Riesling, Sylvaner, Pinot Blanc, Pinot Gris, Gewürztraminer), Chenin Blanc, Grüner Veltliner, Arneis, Sauvignon ou Chardonnay do Novo Mundo

◆ **QUICHE DE COGUMELOS**

Pinot Noir

Château-Chalon

◆ **QUICHE DE ESPINAFRE**
◆ **SUFLÊ DE ESPINAFRE**

Gamay, Pinot Noir

Bianco di Custoza, Chardonnay ou Sémillon com pouca madeira

◆ **QUICHE DE PALMITO**
◆ **TORTA DE PALMITO**

Pinot Grigio, Soave, Chardonnay sem madeira

◆ **QUICHE LORRAINE**

Pinot Gris ou Pinot Blanc da Alsácia, Gewürztraminer, Bordeaux branco, Mâcon branco, Chardonnay sem madeira, Côtes du Rhône branco, Torrontés

Rosé seco de médio corpo

◆ **RATATOUILLE**

Tinto do Languedoc-Roussillon (Corbières, Fitou, Bandol), Grenache, Zinfandel, Chianti, Bordeaux tinto jovem

Rosé seco da Provence

Branco da Provence: Bandol, Côtes de Provence

◆ **REPOLHO RECHEADO**

Cabernet Franc, Côtes du Rhône Villages, tinto do sul da Itália, Malbec argentino

◆ **SPANAKOPITA**
(torta grega de massa folhada recheada com espinafre e queijo)

Gamay, Pinot Noir

Sauvignon Blanc, Chardonnay com pouca madeira, Picpoul de Pinet

◆ **SUFLÊ DE LEGUMES**

Chardonnay jovem sem madeira

◆ **TERRINE DE VERDURAS E LEGUMES**

Chablis

◆ **TOMATE FRESCO**

Barbera, Sangiovese, Cinsault, Pinot Noir

Sauvignon Blanc da Nova Zelândia

Rosé da Provence, rosé de Tavel

◆ **TOMATE RECHEADO COM CARNE**

Chianti, Barbera

◆ **TOMATE SECO**

Sauvignon Blanc barricado, Riesling meiosseco

Tavel e outros rosés secos de médio corpo

◆ **VERDURAS E LEGUMES GRELHADOS**

Riesling, Sauvignon Blanc, Torrontés

Massas

É um engano pensar que toda massa tem o mesmo sabor, porque há alguns fatores que podem fazer diferença: a matéria-prima básica, o tipo de corte, se é fresca ou seca, curta ou longa, se leva ovos ou não. Mas certamente o grande diferencial é o molho, que norteia as sugestões de vinhos a seguir. Por motivos óbvios, a ênfase é nos vinhos italianos. Quanto à espécie de massa indicada para cada molho – e outros tipos que também dão bom resultado – sempre que possível a escolha foi baseada no livro de um mestre da matéria, Giuliano Hazan, relacionado na bibliografia. A massa clássica aparece sublinhada. Vale lembrar ainda que, na Itália, dependendo da forma, o nome pode variar de uma região para outra, como por exemplo capelletti/tortelloni, linguine/trenette...

◆ AGLIO E OLIO
Espaguetinho, espaguete

Tinto com taninos moderados (Cabernet Franc, Merlot, Sangiovese di Romagna), Primitivo, Nero d'Avola

Chardonnay sem madeira, Pinot Blanc, Frascati

◆ ALFREDO
(leva manteiga, creme de leite e parmigiano)
Fettuccine, tagliatelle

Frascati Superiore, branco português de Fernão Pires, Pinot Gris da Alsácia

◆ AL SUGO
(leva tomate e manteiga)
Espaguete, espaguetinho, penne, bucatini, tortelloni de espinafre

Bardolino, Montepulciano d'Abruzzo, Valpolicella, tinto brasileiro de Cabernet ou Merlot, Barbera, Chianti, Sangiovese di Romagna, Pinot Nero do Alto Adige, tinto leve da Sicília

Rosé da Provence

Lambrusco

◆ AMATRICIANA
(leva guanciale ou bacon, tomate, pecorino, pimenta dedo de moça)
Bucatini, espaguete, tagliatelle

Tinto de médio corpo e boa acidez: Chianti, Torgiano, Barbera d'Alba, Montepulciano d'Abruzzo, Sangiovese di Romagna, Cesanese

Frascati Superiore

◆ ARRABBIATA
(leva alho, tomate, toucinho e pimenta malagueta)
Penne, espaguete

Cabernet Sauvignon, Sangiovese, Malbec, Tannat, Primitivo, Nero d'Avola, Zinfandel

◆ BOLONHESA
Tagliatelle, espaguete, rigatoni, pappardelle, fusili
◆ LINGUIÇA
◆ ALMÔNDEGAS

Sangiovese di Romagna, Merlot, Cabernet Franc, Chianti, Montepulciano d'Abruzzo, Barbera d'Alba, tinto da Sicília ou da Puglia (especialmente Primitivo), Rosso di Montalcino, Zinfandel, Pinot Noir, Pinot Nero del Alto Adige, Freisa, Bouzy rouge

Lambrusco

◆ BOTTARGA
(ova de peixe seca, preparação típica da Sardenha e da Sicília)
Espaguete

O tradicional é o branco da Sardenha Vernaccia di Oristano. Também branco siciliano de Grillo ou Inzolia, Manzanilla, Vinho Verde branco, Pouilly-Fumé, Sancerre, Chardonnay do Novo Mundo, Vernaccia di San Gimignano

◆ **CACIO E PEPE**
(leva queijo pecorino e pimenta)
Espaguete, fettuccine

Frascati Superiore, Est! Est!! Est!!!, Gewürztraminer

Sangiovese, Rosso di Montalcino, Syrah

◆ **CAMARÃO E ASPARGOS**
Espaguete

Sauvignon Blanc, Verdejo, Vinho Verde branco, *Manzanilla*

◆ **CANNELLONE**
(recheio de ricota, frango ou carne, com ou sem espinafre)

Tinto de médio corpo: Chianti, Montepulciano d'Abruzzo, Sangiovese di Romagna, Rosso Cònero, Merlot brasileiro ou chileno, Barbera

◆ **CARBONARA**
(leva pancetta, gemas cruas, queijos Parmigiano e Pecorino)
Espaguete

Soave, Pinot Grigio, Frascati Superiore, Arneis, Gavi di Gavi, Chablis, Mâcon branco

Tinto com taninos presentes (Barbera, Teroldego), Montepulciano d'Abruzzo, tinto do sul da França

◆ **ESPAGUETE COM CARNE ASSADA**

Tinto jovem com boa acidez (Cabernet Franc ou Merlot brasileiro, Chianti, Barbera, Montepulciano d'Abruzzo), Morellino di Scansano, Rosso Piceno, Côtes du Rhône

Lambrusco

◆ **ESPAGUETE COM SARDINHA**

Branco maduro de bom corpo (Vermentino di Gallura, Vernaccia di San Gimignano), branco siciliano de Inzolia ou Grillo

◆ **ESPAGUETE COM ATUM FRESCO**

Branco maduro de bom corpo (Vermentino di Gallura, Vernaccia di San Gimignano), branco siciliano de Inzolia ou Grillo, Verdicchio dei Castelli di Jesi, Vermentino di Sardegna

Etna tinto

◆ **ESPAGUETE COM TRUFAS BRANCAS**

Barolo, Dolcetto d'Alba, Dolcetto di Dogliani, Nebbiolo d'Alba, Rosso Cònero, Pinot Nero

◆ **ESPAGUETE COM TRUFAS NEGRAS**

Sagrantino di Montefalco, Montepulciano d'Abruzzo, tinto de Bordeaux

Bianco di Custoza, Verdicchio dei Castelli di Jesi

◆ FETTUCCINE AO LIMÃO

Trebbiano d'Abruzzo, Pinot Grigio, Sauvignon Blanc, Chenin Blanc

◆ FRUTOS DO MAR
Espaguete, talharim

Fiano di Avellino, Verdicchio dei Castelli di Jesi, Vermentino di Sardegna, Falanghina, Soave, Pinot Grigio, Albariño/Alvarinho, Riesling seco, Sauvignon Blanc, Frascati, Vernaccia di San Gimignano, Muscadet, Chardonnay de bom corpo, Chenin Blanc

Rosé da Provence

◆ GNOCCHI (DE BATATA, AIPIM OU ABÓBORA) COM MOLHO DE TOMATE

Valpolicella, Merlot, Sangiovese

Soave, Pinot Grigio

◆ GNOCCHI AO MOLHO DE GORGONZOLA

Roero Arneis tinto, Barbera d'Asti, Merlot, Dolcetto

Verdicchio dei Castelli di Jesi, Chardonnay

◆ LASANHA AO FORNO
(com molho branco ou vermelho)
◆ LASANHA À BOLONHESA

Merlot, Sangiovese di Romagna, Barbera, Dolcetto d'Alba, Morellino di Scansano, Rosso di Montalcino, Rosso Cònero, Chianti, Primitivo, Cabernet Franc brasileiro, Zinfandel, Rioja Crianza, Cabernet Sauvignon de médio corpo, Torgiano

Lambrusco

◆ LASANHA DE BERINJELA

Chianti, Sangiovese

◆ LASANHA DE ESPINAFRE E RICOTA

Chardonnay sem madeira, Ribolla Gialla, Gavi

◆ MACARONI AND CHEESE
(prato típico dos Estados Unidos, que leva queijo Cheddar, manteiga e leite)
Cavatappi, penne, fusill

Merlot, Grenache francês ou Garnacha espanhol

Chardonnay com pouca madeira, Chenin Blanc

◆ MACCHERONI OU SPAGHETTI ALLA CHITARRA
(massa de ovos servida geralmente com molho misto de carne bovina, porco e cordeiro)

Montepulciano d'Abruzzo

◆ MANTEIGA DE SÁLVIA
Gnocchi, talharim, penne

Merlot

Pinot Gris/Pinot Grigio, bran-

co português de Arinto

◆ **MASSA COM AZEITE DE TRUFAS**

Nebbiolo

◆ **MASSA COM MOLHO DE COGUMELOS**

Lagrein, Merlot, Pinot Noir

Soave, Bianco di Custoza, Ribolla Gialla

◆ **MASSA FRESCA AO MOLHO DE FUNGHI PORCINI**

Nebbiolo, Syrah do Rhône

◆ **NORMA**
(especialidade de Catania, Sicília, é uma massa com berinjela frita, tomate, manjericão e ricota salgada, que tem esse nome em homenagem à obra do compositor Vincenzo Bellini. A massa clássica é o bucatini)

Branco siciliano (Grillo, Inzolia), Frascati, Falanghina, Verdicchio dei Castelli di Jesi

Etna tinto

◆ **PAPARDELLE COM RAGU DE LEBRE**
◆ **PAPARDELLE COM RAGU DE PATO**
◆ **PAPARDELLE COM RAGU DE CORDEIRO**

Tinto estruturado, de bom teor alcoólico, taninos presentes e baixa acidez: Chianti Classico, Rosso di Montalcino, Teroldego, Amarone, Aglianico del Vulture, Sagrantino di Montefalco, Vino Nobile di Montepulciano, Rioja Reserva, Cabernet Sauvignon francês, Shiraz australiano

◆ **PARISIENSE**
(leva frango desfiado, tomate, petit-pois, muçarela, presunto cozido, creme de leite)
Talharim, fettuccine

Branco de médio corpo: Chardonnay italiano, Arneis, Gavi, Soave, Chardonnay com pouca madeira, Pinot Gris da Alsácia

◆ **PASTA CON LE SARDE**
(especialidade da Sicília, leva sardinha fresca e funcho)
Bucatini, espaguete

Branco da Sicília: Inzolia, Grillo, Etna branco

◆ **PESTO ALLA GENOVESE**
(leva manjericão, pignoli ou nozes, queijos parmigiano e pecorino)
Linguine, fettuccine, espaguete, espaguetinho

O clássico é o branco Cinque Terre da Ligúria. Outras boas opções: Vermentino dei Colli di Luni, Vermentino toscano ou da Sardenha, branco jovem, pouco aromático, mas frutado (Pinot Blanc, Pinot Grigio, Aligoté), Friulano,

branco com aromas de ervas aromáticas (Riviera Lígure di Ponente Pigato, Gavi, Soave), branco siciliano (Inzolia, Grillo), Chardonnay sem madeira, Savennières

Rosé da Provence

◆ PRESUNTO E ASPARGOS
Fettuccine

Traminer, Riesling ou Chardonnay do norte da Itália, Pinot Bianco do Friuli, Sauvignon Blanc, Chenin Blanc, Pouilly-Fumé

◆ PRIMAVERA
(com vegetais e creme de leite)
Fettuccine, tagliatelle

Soave, Frascati, Orvieto seco, Chardonnay brasileiro, Falanghina, Vermentino, Arneis, Pouilly-Fumé

◆ PUTTANESCA
(leva alici, tomate, alcaparra, azeitona preta)
Espaguete, espaguetinho, penne

Syrah, Cabernet Sauvignon, Sangiovese, Malbec, Tannat, Nero d'Avola, Etna tinto, Primitivo, Zinfandel

Fiano di Avellino

◆ QUATRO QUEIJOS
Fettuccine, espaguete, penne

Merlot, Barbera d'Asti

Chardonnay com pouca madeira, Verdicchio dei Castelli di Jesi

◆ RAVIÓLI OU TORTELLI COM RECHEIO DE ABÓBORA

Viognier, Vouvray moelleux, Chenin Blanc, Gewürztraminer, Chardonnay barricado, Trebbiano

◆ RAVIÓLI OU AGNOLOTTI COM RECHEIO DE CARNE E MOLHO DE TOMATE

Tinto moderadamente tânico (Pinot Noir, Gamay, Merlot), Chianti, Primitivo di Manduria, Barbera d'Asti, Sangiovese di Romagna, Freisa d'Asti, Refosco dal Peduncolo Rosso, Barbera d'Alba, Rosso di Montalcino

◆ RAVIÓLI COM RECHEIO DE COGUMELOS

Dolcetto, Nebbiolo d'Alba, Rioja Crianza

Pinot Gris da Alsácia

◆ RAVIÓLI COM RECHEIO DE FRANGO E NOZES, MOLHO AOS QUATRO QUEIJOS

Pinot Grigio, Gavi, Chardonnay brasileiro

◆ RAVIÓLI COM RECHEIO DE RICOTA E ESPINAFRE

Branco leve e seco: Bianco di Custoza, Soave

◆ RAVIÓLI COM RECHEIO DE RICOTA, MOLHO DE MANTEIGA, SÁLVIA E PARMESÃO

Frascati, Pinot Grigio, Verdicchio dei Castelli di Jesi, Gavi

Tinto de médio corpo com boa acidez: Barbera d'Asti, Bonarda dell'Oltrepò Pavese, Chianti

◆ RIGATONI AO FORNO RECHEADO DE CARNE E LINGUIÇA

Barbera d'Alba, Primitivo di Manduria, Rosso di Montalcino, Chianti

◆ RONDELLI DE RICOTA COM MOLHO BRANCO

Bianco di Custoza, Chardonnay sem madeira, Verdicchio dei Castelli di Jesi

◆ SALMÃO FRESCO OU DEFUMADO

Farfalle, penne, fusili

Soave, Pinot Bianco, branco da Sicília, Chardonnay, Riesling

Rosé seco de bom corpo

Espumante brut

◆ SPÄTZLE

(massa típica da Alsácia e da Alemanha)

Pinot Blanc da Alsácia

◆ TALHARIM COM TRUFAS BRANCAS (TAJARIN AL TARTUFO)

Tinto encorpado e maduro: Barbaresco, Barolo, Barbera d'Alba, Rioja ou Borgonha de categoria, Pinot Nero dell'Alto Adige, Gattinara

Fiano di Avellino

◆ TALHARIM GRATINADO

Branco de médio corpo: Chardonnay italiano, Arneis, Chardonnay com pouca madeira, Pinot Gris da Alsácia

◆ TINTA DE LULA

Espaguete

Greco di Tufo, Soave Classico

Rosé de médio corpo

◆ TOMATE E AZEITONAS PRETAS

Tinto jovem sem madeira: Merlot brasileiro ou chileno, Beaujolais-Villages

◆ VÔNGOLE SEM TOMATE

Espaguete, talharim

Verdicchio dei Castelli di Jesi, Fiano di Avellino, Gavi, Vernaccia di San Gimignano, Sauvignon Blanc, Trebbiano d'Abruzzo, Frascati, branco português de Arinto, Chablis, Muscadet

Rosé seco de médio corpo

◆ VÔNGOLE COM MOLHO DE TOMATE

Espaguete, talharim

Gamay, Dolcetto, Valpolicella, Bardolino

Soave, Vermentino, Falanghina

Miúdos

Conheço várias pessoas que torcem o nariz à simples menção de pratos como angu à baiana, fígado ou língua. O máximo que toleram é um coraçãozinho de frango servido na churrascaria. Mas é bom esclarecer que esse preconceito é muito mais forte no Brasil do que no exterior, especialmente na Europa. Se não, como explicar a presença de uma *Tête de veau* (literalmente, "cabeça de vitelo") no cardápio de sofisticados restaurantes parisienses? Ou o prestígio da Dobrada à moda do Porto, cantada em verso por Fernando Pessoa, através de seu heterônimo Álvaro de Campos? ("... Mas se eu pedi amor, por que é que me trouxeram / Dobrada à moda do Porto fria? / Não é prato que se possa comer frio...").

◆ **ANGU À BAIANA**
◆ **BUCHADA DE BODE**

Tannat brasileiro ou uruguaio, Merlot brasileiro, Cabernet Sauvignon ou Shiraz do Vale do São Francisco, Malbec de Cahors, Vacqueyras

◆ **CHINCHULÍN**
(prato andino, de intestino delgado de bezerro ou de vaca, em parrilha)

Rioja tinto, Malbec

Jerez Fino

◆ **CORAÇÃO DE FRANGO NO ESPETO**

Pinot Noir, Merlot ou Cabernet Franc brasileiro sem madeira, Malbec argentino, Lagrein, Beaujolais-Villages

◆ **DOBRADA (TRIPA) À MODA DO PORTO**
(prato típico português, quase um cassoulet, uma vez que, além da dobradinha, leva feijão, vitela, orelha de porco, linguiça, frango)

Tinto jovem do Douro, Dão ou Bairrada, Cabernet Sauvignon brasileiro ou chileno, tinto do sul da França, Primitivo, Nero d'Avola

◆ **DOBRADINHA COM FEIJÃO BRANCO**

Tinto jovem de médio corpo do Douro, Dão ou Alentejo, tinto chileno ou argentino, Pinotage, tinto de Cabernet/Merlot, tinto jovem da Borgonha (Mercurey, Rully), Chianti

◆ **EISBEIN COM CHUCRUTE (EISBEIN MIT SAUERKRAUT)**

Riesling seco ou meiosseco, Sylvaner

Cinsault, Gamay, Pinotage

Espumante brut

◆ **FÍGADO ACEBOLADO**
◆ **ISCAS DE FÍGADO**

Rioja Crianza, Morgon ou outro cru de Beaujolais, Merlot, Salice Salentino tinto

◆ **FÍGADO À VENEZIANA**
(prato italiano, que leva, cebola, tomate e vinho branco)

Cabernet Franc ou Merlot do norte da Itália, Chianti Classico, tinto jovem: Marzemino, Beaujolais-Villages, Saint-Joseph

Branco macio e aromático: Gewürztraminer do Alto Adige, Riesling Renano do Collio

Prosecco

◆ **FÍGADO DE CORDEIRO**

Barolo, Barbaresco, Barbera, Bordeaux tinto, Merlot

◆ FÍGADO DE GALINHA

Riesling seco ou meiosseco, Pinot Gris, Pinot Grigio, Gewürztraminer, branco seco de Bordeaux

Gamay

◆ FÍGADO DE VITELA

Merlot, Pinot Noir

◆ FOIE GRAS (no início da refeição)

Pinot Gris ou Gewürztraminer meiosseco da Alsácia, Meursault, Chardonnay barricado

◆ FOIE GRAS QUENTE

Sauternes ou assemelhado (Barsac, Sainte-Croix-du-Mont, Monbazillac), Pessac-Léognan branco, Riesling, Gewürztraminer ou Pinot Gris de colheita tardia, branco doce do Loire (Bonnezeaux, Coteaux du Layon, Quarts de Chaume), Riesling Auslese alemão, Jurançon moelleux, Tokaji, Vin Santo, Recioto di Soave, Porto branco doce, Chablis Grand Cru

Champanhe brut

Champanhe rosé

◆ LÍNGUA AO MOLHO MADEIRA, MOLHO VERMELHO OU DE VINHO TINTO

Barbera d'Alba, Dolcetto, tinto frutado: Saumur-Champigny, Chinon, cru de Beaujolais, Pinot Noir, Merlot

Rosé frutado e elegante

◆ LÍNGUA SERVIDA FRIA COM MOLHO DE MOSTARDA

Sauvignon Blanc, Chenin Blanc

◆ MIOLOS À DORÉ

Beaujolais- Villages, Mercurey

Chardonnay com pouca madeira, Viognier, Mâcon branco

◆ MIOLOS À MILANESA

Barbera, Barolo, Barbaresco, Nebbiolo d'Alba

◆ MOCOTÓ

Cabernet Sauvignon, tinto do sul da Itália (Nero d'Avola, Primitivo), Cabernet Sauvignon ou Tannat brasileiro, tinto do Dão ou do Alentejo

◆ MOELA

Tinto de médio corpo: Cabernet ou Merlot brasileiro, Malbec, Barbera d'Alba, Chianti, Rosso di Montalcino, Rosso Piceno, Côtes du Rhône, tinto português do Alentejo

◆ MOUSSE DE FÍGADO DE FRANGO

Riesling meiosseco

◆ **PÉ DE PORCO GRELHADO**

Chinon, Morgon, Beaujolais nouveau, Touraine tinto

◆ **RABADA**

Cirò Rosso Classico, Cannonau di Sardegna, Nebbiolo, Cabernet Sauvignon brasileiro ou chileno, Carmenère, Malbec argentino, Zinfandel, Châteauneuf-du-Pape, Grenache, Malbec de Cahors, Tempranillo, Shiraz ou Shiraz/Cabernet encorpado, Amarone, Valpolicella Ripasso, Chinon, tinto encorpado do Douro

◆ **RIM AO MOLHO MADEIRA OU MARSALA**

Saint-Emilion, Pomerol, Pinot Noir da Borgonha (Chambolle-Musigny, Nuits-Saint-Georges), Crozes-Hermitage, Shiraz maduro, Barolo, Barbaresco, Barbera, Cabernet chileno, Tempranillo

◆ **RIM DE VITELA**

Côte-Rôtie, Crozes-Hermitage, Saint-Joseph, Bordeaux tinto, Rioja Crianza, Chinon, Bourgueil

Riesling seco, Chablis Premier Cru ou Grand Cru, Meursault

Rosé de Tavel

◆ **RIM DE VITELA COM MOSTARDA**

Borgonha tinto (Volnay, Pommard), Chinon, Madiran, tinto do Médoc, Rioja tinto, Vino Nobile di Montepulciano, Pinot Noir do Novo Mundo, Merlot, Pinotage

◆ **RINS SALTEADOS**

Chinon, Marzemino

◆ **RIS DE VEAU (TIMO DE VITELA, MOLEJA) COM MOLHO BRANCO E/OU CREMOSO**

Sauternes, Côteaux du Layon, Meursault, Chablis Premier Cru ou Grand Cru, Condrieu, Pinot Gris da Alsácia, Vouvray moelleux

◆ **RIS DE VEAU COM MOLHO ESCURO E/OU DE ESPECIARIAS**

Borgonha tinto (Volnay, Pommard, Savigny-lès-Beaune), Bordeaux evoluído

Champanhe extra brut

◆ **RIS DE VEAU GRELHADO**

Meursault, Pouilly-Fuissé

◆ **SARAPATEL**

Espumante brut ou extra brut

Lambrusco tinto

◆ TERRINE DE FOIE GRAS

Sauternes, Tokaji, branco doce do Loire (Bonnezeaux, Coteaux du Layon, Quarts de Chaume), Gewürztraminer Sélection de Grains Nobles, Bâtard-Montrachet, Meursault, Pinot Gris

◆ TÊTE DE VEAU

(especialidade francesa, resultado do cozimento da cabeça do vitelo, incluindo miolos, bochechas e gelatina natural, com legumes e temperos diversos)

Beaujolais-Villages, Morgon, Chinon, Bourgueil

Saint-Véran, Pinot Blanc ou Pinot Gris da Alsace, Riesling

Côtes de Provence rosé

◆ TRIPPA ALLA ROMANA

(prato típico italiano)

Chianti, Sangiovese, Cesanese, Bolgheri tinto, Barbera

◆ TRIPA À MODA DE CAEN

(prato típico da França)

Anjou branco, Muscadet, Chablis ou Petit Chablis, Mâcon branco

Chianti jovem, Bourgueil

Molhos

Apesar de serem uma espécie de coadjuvantes, os molhos podem representar o grande diferencial entre uma receita e outra com os mesmos ingredientes básicos. Na verdade, são eles que acrescentam diferentes sabores e texturas aos diversos tipos de pratos. Naturalmente, dependendo das características do molho, a escolha do vinho pode variar muito. Aqui estão algumas sugestões de vinhos que combinam bem com os vários tipos de molho possíveis.

◆ **AGRIDOCE**

Gewürztraminer meiodoce

◆ **AÏOLI**
(molho provençal à base de alho, gema de ovos, azeite e limão)

Rosé da Provence

Manzanilla, Rioja branco barricado, Soave Classico

◆ **APIMENTADO**

Syrah, Grenache, Petit Verdot

◆ **BARBECUE**

Merlot

◆ **BÉARNAISE**
(leva gemas, vinho branco, vinagre, cebola roxa, manteiga clarificada, estragão)

Pinot Noir, cru de Beaujolais (Morgon, Fleurie, Moulin-à--Vent), Dolcetto

Chardonnay barricado, Sauvignon Blanc com boa estrutura

◆ **CHIMICHURRI**

Malbec argentino, Cabernet Sauvignon do Novo Mundo

◆ **CHUTNEYS**

Gewürztraminer meiodoce

◆ **COGUMELOS**

Merlot, Petit Verdot

◆ **CREMOSOS**

Pinot Gris da Alsácia

◆ **ERVAS FRESCAS**

Petit Verdot

◆ **ESTRAGÃO**

Pinot Blanc

◆ **HOLLANDAISE**
(leva gemas, manteiga, limão e sal)

Sauvignon Blanc, Savennières, Orvieto, Verdejo, Arinto, Chenin Blanc sul-africano

Espumante brut blanc de blancs

◆ **MOSTARDA**

Chablis

◆ **NOZES**

Chardonnay barricado

◆ **NOZ MOSCADA EM MOLHO CREMOSO**

Pinot Blanc

◆ **REDUÇÃO DE VINHO TINTO**

Petit Verdot

◆ **TERIYAKI**

Syrah, Grenache

Gewürztraminer meiodoce

◆ **TOMATE**

Barbera

"Boa cozinha e bom vinho, eis o paraíso sobre a terra"

Henrique IV (1553–1610)

Rei de Navarra e da França

Patês, frios e embutidos

A técnica da charcutaria é um dos métodos mais antigos de produção e preservação de alimentos, através da cura, salga, cozimento, desidratação ou defumação de vários tipos de carne: aves, suínos, bovinos e carnes de caça. O nome vem do francês *chair* (carne) e *cuit* (cozido). Embutidos (ou "enchidos", como se usa em Portugal) são produtos elaborados com carnes e/ou miúdos, cozidos ou não, defumados ou não, envolvidos por tripas, bexigas ou qualquer membrana animal.

Patês (do francês *pâte*, massa) são preparações cremosas à base de ave, carne ou peixe misturadas com diversos condimentos, servidas principalmente sobre pães e torradas. Da mesma origem, porém de consistência mais dura e servida fatiada, é a terrine ou terrina (o nome vem do recipiente de louça ou de metal, com tampa, onde é preparada). Ainda da mesma família é a galantine, feita com carne desossada de ave, porco, coelho ou pato, coberta com gelatina.

◆ **ALHEIRA**
(embutido defumado feito com vários tipos de carne, pão e condimentos)
◆ **FARINHEIRA**
(feito com farinha de trigo, massa de pimentão, colorau, vinho e gordura de porco)
◆ **SALPICÃO**
(embutido tradicional português que utiliza somente lombo de porco e temperos)

Tinto frutado do Douro, Dão ou Bairrada

Manzanilla, Jerez Fino, Madeira seco, Encruzado, Alvarinho

◆ **BACON COM OVOS MEXIDOS**

Riesling da Alsácia, Verdejo

Champanhe ou espumante brut ou extra brut

◆ **BACON DEFUMADO**

Riesling

◆ **BRATWURST**
(salsicha de origem alemã, feita de carne de porco, vaca e, às vezes, vitela)

Riesling alemão, Sylvaner, Chenin Blanc

Côtes du Rhône, Zinfandel, Shiraz, Merlot, Beaujolais, Pinot Noir

◆ **BRESAOLA**
(embutido típico do norte da Itália, feito de carne bovina magra, salgada, temperada com ervas aromáticas e, depois, curtida e seca)
◆ **VIANDE DES GRISONS**
(carne típica da Suíça, colocada na salmoura e, depois, submetida a secagem ao ar livre)

Chianti jovem, Valpolicella Classico, Bardolino, Pinot Noir da Savoia, Vacqueyras

Jerez Oloroso, Madeira seco

Lambrusco

◆ **CHARCUTARIA EM GERAL**

Chinon, Bourgueil, Sancerre tinto, cru de Beaujolais (Morgon, Fleurie, Juliénas), Crozes-Hermitage

Jerez Fino, Manzanilla, Riesling, Chablis

Rosé seco de médio corpo, rosé de Chinon, rosé de Bourgueil

◆ **CHOURIÇO**
◆ **MORCELA**

Jerez Fino, Manzanilla, Madeira seco, Porto extrasseco, Encruzado, brancos de Bucelas e Colares

Crozes-Hermitage

◆ **COPPA**
(embutido italiano feito de carne de porco)

Bonarda italiano, Chianti

Prosecco

◆ **COTECHINO**
(especialidade italiana feita com carne de porco; o invólucro é o intestino do animal)
◆ **ZAMPONE**
(especialidade italiana feita com carne de porco; o invólucro é a pata dianteira do animal, desossada)

Tinto de boa acidez (Barbera, Bonarda italiano, Cesanese, Gutturnio), Chianti

Lambrusco

◆ **CULATELLO**
(embutido típico da Emilia-Romagna e da Lombardia, preparado com o "coração" da perna do porco)

Alezio Rosato

Lambrusco

Espumante italiano método classico

Colli di Parma Sauvignon

◆ **EMBUTIDOS EM GERAL**
(bresaola, cotechino, zampone, culatello, coppa, salaminho)

Chianti jovem, Lagrein, Barbera, Montepulciano d'Abruzzo, Beaujolais-Villages, cru de Beaujolais (Fleurie, Morgon), Chinon, Bourgueil, Pinot Noir suíço, alemão ou austríaco, Crozes-Hermitage, Monastrell de Jumilla, Merlot

Jerez Fino, Chablis, Grenache branco

Rosé seco de médio corpo, rosé de Chinon e Bourgueil

Lambrusco

◆ **ENCHIDOS PORTUGUESES**
(alheira, farinheira, chouriço, morcela, salpicão e outros)

Tinto frutado do Douro, Dão ou Bairrada

Manzanilla, Jerez Fino, Madeira seco, Encruzado, Alvarinho

◆ **FRIOS EM GERAL**

Tinto leve ou de médio corpo sem madeira: Beaujolais, Bardolino, Barbera d'Asti, Valpolicella, Sangiovese, Montepulciano d'Abruzzo, Côtes du Rhône

Rosé frutado de bom corpo

◆ **FROMAGE DE TÊTE**
(prato de origem francesa, é uma terrine feita com cabeça de porco e pata de vitela)

Chinon, Bourgueil

Riesling da Alsácia

Lambrusco

◆ **GALANTINE DE AVE, PORCO OU COELHO**

Pinot Noir, Beaujolais-Villages, Côte de Beaune tinto, tinto de Margaux

Rosé seco de médio corpo

Chassagne-Montrachet branco, Arbois branco

◆ **LINGUIÇA**

Chianti, Sangiovese di Romagna, Barbera d'Alba, Primitivo, Etna tinto, Merlot, Zinfandel, tinto português de Castelão

Pinot Gris, Riesling, Chenin Blanc, *Gewürztraminer*

Lambrusco

◆ **LINGUIÇA FRITA COM FAROFA E COUVE À MINEIRA**

Zinfandel, Shiraz, Côtes du Rhône, Corbières, Beaujolais-Villages

Jerez Fino

Lambrusco

◆ **LINGUIÇA PICANTE**

Malbec de Cahors, Syrah

Riesling

Rosé seco de médio corpo, Bandol rosé, rosé espanhol

◆ **MORTADELA**

Barbera d'Asti, Chianti Classico, Sangiovese, Bonarda, Cirò tinto

Est! Est!! Est!!!

Prosecco ou outro espumante extra dry

Lambrusco

◆ **PASTRAMI**

Sangiovese, Dolcetto, Valpolicella, Beaujolais

◆ **PATÊ DE CAMPAGNE**
◆ **TERRINE DE CAMPAGNE**

Cru de Beaujolais (Morgon, Fleurie, Moulin-à-Vent), Pinot Noir, Chinon, Bourgueil, Bordeaux tinto simples, Valpolicella, Cabernet Franc brasileiro, tinto do sul da França

Rosé seco de médio corpo

Champanhe blanc de noirs

Chablis

◆ **PATÊ DE FÍGADO DE GALINHA**
◆ **TERRINE DE FÍGADO DE GALINHA**

Orvieto abboccato, Riesling, Pinot Gris/Pinot Grigio, Gewürztraminer

Rosé seco de médio corpo

◆ **PATÊ DE FÍGADO DE PATO**

Riesling, Pinot Gris/Pinot Grigio, Gewürztraminer

Chianti, Montepulciano d'Abruzzo, Dolcetto d'Alba, Dolcetto d'Asti

◆ **PATÊ DE FOIE GRAS**

Gewürztraminer de colheita tardia, Pinot Gris da Alsácia, Porto branco doce

◆ **PATÊ DE PEIXE**
◆ **TERRINE DE PEIXE**

Chenin Blanc seco ou moelleux, Savennières Coulée de

Serrant, Pinot Gris, Meursault, Puligny-Montrachet, Chablis Grand Cru, Château-Grillet, Riesling da Alsácia, Manzanilla

◆ PATÊ DE PEIXE DEFUMADO
◆ TERRINE DE PEIXE DEFUMADO

Chardonnay ligeiramente barricado, Riesling seco ou meiosseco, Grüner Veltliner, Sancerre, Pouilly-Fumé, Sauvignon Blanc da Nova Zelândia

◆ PATÊ TRUFADO

Tinto do Pomerol

◆ PRESUNTO COZIDO

Cirò, Vacqueyras, Gigondas, Shiraz

Alezio Rosato, Rosato di Salento

◆ PRESUNTO CRU ESPANHOL

Jerez fino, Manzanilla, Madeira Sercial ou Verdelho, Chablis, Rioja branco barricado, Porto branco extrasseco

Espumante brut ou extra brut

Espumante brut ou extra brut rosé

Lagrein, Tempranillo

◆ PRESUNTO DEFUMADO

Beaujolais, Cabernet d'Anjou, Barbera d'Asti

Riesling da Alsácia, Grüner Veltliner

◆ PRESUNTO DE PARMA OU SAN DANIELE
◆ SPECK

(presunto cru levemente defumado, típico de Bolzano, no norte da Itália)

Beaujolais-Villages, Morgon, Gamay do Loire, Chinon, Bourgueil, Sancerre tinto, Barbera d'Asti, Lagrein, Pinot Nero dell'Alto Adige

Chardonnay da Borgonha (Saint-Véran, Montagny, Rully), Pinot Blanc, Riesling alemão meiosseco, Gewürztraminer, Vouvray

Rosé seco de médio corpo

Lambrusco

◆ PRESUNTO DE PARMA OU SAN DANIELE COM FIGOS OU MELÃO

Tinto frutado: Gamay, cru de Beaujolais (Morgon, Fleurie, Moulin-à-Vent), Barbera d'Asti, Valpolicella Classico, Sancerre

Riesling alemão meiosseco, Friulano, Malvasia del Collio, Orvieto, Rioja branco, Jerez Oloroso, Palo Cortado

Rosé seco de médio corpo

Espumante rosé

Lambrusco

◆ **PRESUNTO PERSILLÉ**
(desossado e entremeado com cebola, cenoura e ervas frescas)

Morgon e outros crus de Beaujolais

Chablis

◆ **PRESUNTO TENDER**
(inclusive com frutas e fios d'ovos)

Zinfandel, Pinotage, Syrah, Morgon, Chinon, Pinot Noir do Novo Mundo, Merlot chileno

Viognier, Sémillon australiano, branco da Côte Chalonnaise (Givry, Montagny, Rully), *Chablis*

◆ **RILLETTE DE COELHO, PORCO, FRANGO OU PATO**

Beaujolais nouveau, Valpolicella, Pinot Noir simples, Chinon, Bourgueil, Cabernet Franc brasileiro, tinto do sul da França

Sancerre, Pouilly-Fumé, Savennières, Pinot Blanc

Rosé seco de médio corpo

◆ **SALAMES**

Lagrein ou Pinot Nero do Alto Adige, Bonarda, Dolcetto d'Alba, Dolcetto d'Asti, Barbera d'Alba, Roero, Freisa d'Asti, Bardolino, Chianti Classico, Sangiovese di Romagna, Rosso Piceno, Gamay, Zinfandel, tinto português de Castelão

Lambrusco

◆ **SALAMES DEFUMADOS**

Jerez Fino, Manzanilla, Ribolla Gialla

Rosé de Tavel

◆ **SALAMINHO**

Chianti, Valpolicella

Lambrusco

◆ **SALSICHA BRANCA**

Sylvaner, Chablis

Espumante brut

◆ **SALSICHA COM CHUCRUTE**

Riesling, Gewürztraminer ou Sylvaner da Alsácia

◆ **SALSICHÃO COM SALADA DE BATATAS**

Cru de Beaujolais (Morgon, Fleurie, Juliénas, Moulin-à--Vent), Beaujolais nouveau

Espumante brut ou extra brut

◆ **TÁBUA DE FRIOS**

Dolcetto

Lambrusco

Jerez Fino

◆ **TERRINE DE FOIE GRAS**

Sauternes, branco doce do Loire (Bonnezeaux, Coteau du Layon, Quarts de Chaume), Gewürztraminer Sélec-

tion de Grains Nobles, Bâtard-Montrachet, Meursault, Pinot Gris

◆ TERRINE DE PORCO

Sancerre tinto

Jerez Oloroso

Rosé seco de médio corpo

Peixes

De uns tempos para cá, volta e meia esbarro com comentários do tipo: "Essa história de vinho branco com peixe e vinho tinto com carne não tem nada a ver", proferidos por blogueiros e "especialistas" de variados matizes. Quer saber a minha opinião? Não concordo absolutamente! Aliás, nem eu, nem as dezenas de autores consultados para este trabalho. É só passar os olhos pela lista a seguir para ver que, exceto quando se trata de salmão, atum ou da preparação chamada de "marchand de vin" (em que o molho é sempre de vinho tinto), todas as indicações são de brancos ou rosés.

E me parece óbvio que seja assim, porque a carne de quase todos os peixes é delicada, e "sumiria" diante dos taninos de um tinto. Não por acaso, mesmo quando a sugestão é de um tinto, a escolha quase sempre recai no Pinot Noir, com seus taninos de fácil assimilação. Enfim, criatividade e novas abordagens são sempre bem-vindas... desde que tenham o mínimo de coerência.

◆ **ANCHOVAS EM CONSERVA (ALICI)**

Jerez Fino ou Manzanilla, Picpoul de Pinet, Riesling seco, Muscadet sur lie

Rosé seco espanhol de médio corpo, rosé da Provence

◆ **ARENQUE**

Jerez fino, Manzanilla, Sancerre, Pouilly-Fumé, Riesling seco alemão, alsaciano ou australiano, Muscadet sur lie, Chenin Blanc, Aligoté, Pinot Gris da Alsácia, Sauvignon Blanc em geral

◆ **ATUM**

Tinto delicado: Pinot Noir, Chinon, Bourgueil, Merlot do Novo Mundo, Gamay

Chardonnay californiano, Greco di Tufo, Riviera Ligure di Ponente Vermentino

Rosé frutado e elegante

Lambrusco

◆ **ATUM GRELHADO**

Tinto do Loire (Chinon, Bourgueil), Pinot Noir, Carmenère, Syrah, Barbera, tinto do sul da França, tinto de Castelão

Rioja branco maduro, Greco di Tufo, Arinto, Friulano, Vermentino di Gallura

Rosé espanhol de médio corpo

◆ **BADEJO**

Albariño, Chablis, Chardonnay da Borgonha, Sancerre, Pouilly-Fumé, Sémillon-Chardonnay australiano

◆ **BOLO DE SARDINHA**

Soave Clássico, Vinho Verde branco, Sauvignon Blanc

◆ **BRANDADE DE SALMÃO OU DE TRUTA DEFUMADA**

Pinot Noir

Chardonnay ou Viognier barricado

◆ **CALDEIRADA DE PEIXE**

Rioja branco barricado, Greco di Tufo, Chardonnay com pouca madeira

Rosé seco de médio corpo

◆ **CARPACCIO DE PEIXE BRANCO**

Muscadet, Chablis, Grüner Veltliner, Riesling, Chardonnay sem madeira ou ligeiramente barricado

Espumante brut

◆ **CARPACCIO DE SALMÃO OU DE ATUM**

Pinot Noir, tinto do Loire (Chinon, Bourgueil), Cabernet d'Anjou, Sangiovese

Ribolla Gialla, Chardonnay

Rosé da Provence

Espumante brut

◆ CAVALINHA

Branco seco de boa acidez (Muscadet, Vinho Verde branco, Riesling, Sauvignon Blanc), Greco di Tufo, Rioja branco, Jerez fino

◆ CEVICHE DE ATUM
◆ CEVICHE DE SALMÃO

Pinot Noir do Novo Mundo

Sauvignon Blanc

Espumante brut

◆ CEVICHE DE PEIXE BRANCO

Sauvignon Blanc do Novo Mundo, Verdejo, Vinho Verde branco, Riesling, Muscadet, Chablis, Chenin Blanc, Torrontés

Espumante brut

◆ CREPE OU PANQUECA DE SALMÃO

Espumante brut

Espumante rosé

◆ ENGUIA DEFUMADA

Jerez Fino, Riesling, Pinot Gris da Alsácia

◆ ENGUIA ENSOPADA

Carignano del Sulcis, Nero d'Avola, Sangiovese di Romagna, Bonarda

Lambrusco

◆ ENGUIA GRELHADA

Branco da Borgonha (Meursault, Puligny-Montrachet), Sauvignon Blanc sul-africano, Riesling da Alsácia, Fiano di Avellino, Verdicchio dei Castelli di Jesi

◆ FILÉ DE PEIXE À DORÉ COM MOLHO DE CAMARÃO

Verdicchio dei Castelli di Jesi, Vermentino, Alvarinho/Albariño, Mâcon branco, Arinto

Rosé seco de médio corpo

◆ FILÉ OU GURJÃO DE PEIXE COM MOLHO TÁRTARO

Sauvignon Blanc, Alvarinho, Verdejo, Orvieto, Inzolia, Chablis, Manzanilla

◆ FISH AND CHIPS

(prato típico da Inglaterra, é um filé de peixe empanado servido com batatas fritas)

Pinot Grigio, Manzanilla, Chablis, Chardonnay sem madeira, Encruzado, Chenin Blanc, Sauvignon Blanc da Nova Zelândia

Espumante brut

◆ **GEFILTE FISH**
(bolinho de peixe cozido, prato da cozinha judaica)

Sauvignon Blanc, Chenin Blanc

◆ **GRAVAD LAX (GRAVLAX)**
(especialidade escandinava, é um salmão curado no sal, açúcar e aneto)

Pinot Blanc, Pinot Gris ou Riesling da Alsácia seco ou meiosseco, Chablis Grand Cru, Condrieu, Sancerre, Sauvignon Blanc da Nova Zelândia, Chardonnay do Novo Mundo com pouca madeira, *Vouvray moelleux, Gewürztraminer meiodoce*

Tinto leve: Chinon, Bourgueil, Beaujolais-Villages, Gamay, Pinot Noir do Novo Mundo

Rosé seco de médio corpo

Champanhe ou espumante blanc de blancs

◆ **HADOQUE**

Branco de classe com madeira discreta (Graves, Meursault, Puligny-Montrachet, Chablis Grand Cru), Sancerre, Pouilly-Fumé, Châteauneuf-du-Pape branco, Riesling, Chenin Blanc, Sauvignon Blanc, Jerez Fino, Manzanilla, branco alentejano de Antão Vaz, *Porto branco doce*

Champanhe safrado

◆ **LINGUADO OU TRUTA À BELLE MEUNIÈRE**

Pinot Gris ou Riesling da Alsácia, Chablis Premier Cru, Pouilly-Fuissé, Aligoté, Chardonnay sem madeira, Vermentino, Chenin Blanc

Rosé seco de médio corpo

Espumante brut

◆ **LINGUADO GRELHADO**

Chardonnay com frescor, Chablis, Graves, Arneis, Pinot Gris/Pinot Grigio, Riesling seco, Alvarinho/Albariño, Muscadet, Chenin Blanc

Espumante brut

◆ **MANJUBINHA FRITA**

Vinho Verde branco, Muscadet, Cinque Terre, Sauvignon Blanc, Manzanilla

◆ **MERLUZA**

Riesling, Chablis Premier Cru, Pouilly-Fuissé, Vacqueyras branco

◆ **MOQUECA CAPIXABA**
◆ **PEIXE NA TELHA**

Sauvignon Blanc, Verdejo, Riesling seco, Grenache Blanc, Vinho Verde branco

Rosé seco de médio corpo

Espumante brut

◆ MOQUECA DE PEIXE À BAIANA

Jerez Fino, Sauvignon Blanc, Fernão Pires

◆ MOUSSE DE ATUM OU DE SALMÃO

Chardonnay sem madeira ou com pouca madeira, Roero Arneis

◆ MOUSSE DE PEIXE

Pinot Blanc, Riesling seco, Chardonnay ou Sémillon sem madeira, Pinot Grigio, Soave

◆ MOUSSE DE PEIXE DEFUMADO
(hadoque, salmão, truta)

Riesling meiosseco

Espumante brut

◆ PARGO AO FORNO NO SAL GROSSO

Friulano, Ribolla Gialla, Pinot Bianco, Pinot Grigio, Verdicchio dei Castelli di Jesi, Vermentino di Sardegna, Gavi, Chablis, Mâcon branco, Rioja branco, Encruzado, branco de Fernão Pires

◆ PEIXE EM GERAL

Chardonnay sem madeira, Chablis, Meursault, Savennières, Pouilly-Fumé, Sancerre, Sauvignon Blanc da Nova Zelândia, Verdicchio dei Castelli di Jesi, Roero Arneis, Soave, Chenin Blanc, Vinho Verde branco, Verdejo

◆ PEIXE À BRASILEIRA

Chardonnay ou Viognier sem madeira, Pinot Blanc, Pinot Grigio, Soave, Trebbiano d'Abruzzo, Rioja branco

Rosé seco de médio corpo

◆ PEIXE À ESCABECHE

Manzanilla, Jerez Fino, Alvarinho/Albariño, Arinto, Verdicchio dei Castelli di Jesi, Verdejo, Riesling seco alemão, Sauvignon da Nova Zelândia ou do Loire, branco do Douro

◆ PEIXE AO CARTOCCIO
(embrulhado em papel laminado)

Sauvignon Blanc, Verdicchio dei Castelli di Jesi, Falanghina, Gavi, Pinot Bianco, Riviera Ligure di Ponente Pigato, Viognier, Chardonnay sem madeira

◆ PEIXE AO FORNO
◆ PEIXE ASSADO RECHEADO

Chardonnay fresco sem madeira (Brasil, norte da Itália, Nova Zelândia), Gavi, Ribolla Gialla, Vernaccia di San Gimignano, Vermentino di Sardegna, Pouilly-Fumé, Verdicchio dei Castelli di Jesi

◆ PEIXE AO LEITE DE COCO

Gewürztraminer, Grüner Veltliner, Vouvray moelleux

◆ PEIXE AU BEURRE BLANC (o molho leva vinagre, cebola e manteiga)
◆ PEIXE COM MANTEIGA, ALCAPARRA E ERVAS FINAS

Muscadet sur lie, Chablis Premier Cru, Vouvray seco, Riesling seco, Chardonnay com pouca madeira, Vermentino

◆ PEIXE AO VINHO TINTO (MARCHAND DE VIN)

Tinto elegante, com taninos bem resolvidos (Saint-Emilion, Graves, Margaux), Sancerre tinto, Bandol tinto, cru de Beaujolais (Morgon, Fleurie, Juliénas, Moulin-à-Vent)

◆ PEIXE COM COENTRO

Chablis, Pouilly-Fuissé, branco do Alentejo, Sauvignon Blanc

◆ PEIXE COZIDO OU NO VAPOR

Riesling seco alemão, Alvarinho/Albariño, Pinot Blanc, Chardonnay sem madeira, Frascati Superiore, Vermentino

Rosé seco de médio corpo

◆ PEIXE EM MOLHO CREMOSO OU NA MANTEIGA

Chablis Premier Cru ou Grand Cru, Chardonnay sem madeira ou com pouca madeira, Savennières, Vouvray moelleux, Gewürztraminer, Riesling e, especialmente, com molhos que levem açafrão, Viognier

Rosé seco ligeiro

Espumante brut

◆ PEIXE ENSOPADO

Pinot Gris/Pinot Grigio, Fiano di Avellino, Vermentino di Sardegna, Chablis, Viognier, Rioja branco, Encruzado, branco do Douro

Rosé seco de médio corpo

◆ PEIXE ENSOPADO COM TOMATE E PIMENTÃO VERMELHO

Pinot Noir, Sangiovese, Cinsault

Rosé seco de médio corpo

◆ PEIXE FRITO

Branco de boa acidez (Sauvignon Blanc, Verdejo, Vinho Verde branco), Gavi, Ribolla Gialla del Collio, Chablis, Manzanilla, Vermentino

Rosé de médio corpo

Espumante brut

◆ PEIXE GRELHADO

Bordeaux branco, Chenin Blanc, Pinot Blanc, Chablis Premier Cru, Ribolla Gialla, Rioja branco, Arinto, Muscadet, Sauvignon Blanc, Sylvaner, Riesling

Rosé seco ligeiro

Espumante rosé

◆ PEIXE TEMPERADO COM LIMÃO

Riesling, Alvarinho, Verdejo, Sauvignon Blanc

◆ PIRARUCU ASSADO OU GRELHADO

Chardonnay barricado

◆ RAIA

Branco seco e aromático: Alvarinho, Riesling

◆ ROBALO

Branco fino e delicado (Riesling, Châteauneuf-du-Pape branco, Chablis Premier Cru, Sancerre, Pouilly-Fumé), Vermentino, Verdicchio dei Castelli di Jesi, Greco di Tufo, Fiano di Avellino, Albariño, Encruzado, Riesling seco alemão, Grüner Veltliner

Champanhe ou espumante brut

◆ SALMÃO AU BERRE BLANC

Coteaux du Layon, Savennières Coulée de Serrant

◆ SALMÃO DEFUMADO

Pinot Gris, Pouilly-Fumé, Sancerre, Chablis Premier Cru, Riesling seco, Grüner Veltliner, Manzanilla, Jerez Fino, Sauvignon Blanc do norte da Itália, Chardonnay barricado, Viognier, Muscat da Alsácia, *Porto branco doce*

Champanhe brut ou extra brut

Barbera d'Asti é o único tinto que acompanha salmão defumado

◆ SALMÃO FRESCO GRELHADO

Riesling, Savennières, Chablis Premier Cru, Pouilly-Fumé, Chardonnay do Novo Mundo com pouca madeira, Châteauneuf-du-Pape branco

Pinot Noir, Chinon

Rosé frutado e elegante

Espumante brut

◆ SARDE IN SAOR
(prato da cozinha veneziana, com sardinha, vinagre, cebola, passas e pinoli)

Soave, Fiano di Avellino, Sauvignon Blanc

◆ SARDINHA EM CONSERVA

Sauvignon Blanc, Muscadet, Manzanilla, Jerez Fino

◆ **SARDINHA OU TAINHA FRESCA FRITA, NA BRASA OU GRELHADA**

O clássico em Portugal é o Vinho Verde tinto

Vinho verde branco, Muscadet, Sauvignon Blanc, Verdejo, Soave, Chenin Blanc, Manzanilla

Lambrusco

◆ **SUFLÊ DE TRUTA OU DE SURUBIM**

Chardonnay sem madeira ou com pouca madeira, Sémillon, Graves branco, Riesling da Alsácia

◆ **TAMBAQUI ASSADO OU GRELHADO**

Pinot Noir

Chardonnay com pouca madeira

Espumante brut

◆ **TAMBORIL**

Pinot Gris ou Gewürztraminer da Alsácia, Chablis Grand Cru, Vacqueyras branco, Chardonnay ou Viognier com madeira, Condrieu, Savennières Coulée de Serrant, Verdicchio dei Castelli di Jesi, Encruzado, branco do Alentejo

Aglianico rosato, Bolgheri rosato

◆ **TARTARE DE ATUM**

Sylvaner, Chablis, Chardonnay da Borgonha, Muscadet, Chenin Blanc, Gavi, Vermentino di Gallura, Riesling seco

Pinot Noir bem refrescado

Espumante blanc de blancs

◆ **TARTARE DE PEIXE BRANCO**

Sauvignon Blanc do Loire ou da Nova Zelândia, Riesling da Alsácia, Graves branco, Chablis, Châteauneuf-du-Pape branco, Grüner Veltliner, Gavi, Vermentino

Beaujolais nouveau

◆ **TARTARE DE SALMÃO OU DE ATUM COM ABACATE**

Pinot Noir do Oregon

Chardonnay de qualidade sem madeira ou com pouca madeira, Chablis Premier Cru, Chenin Blanc, Vermentino di Sardegna

Rosé seco de médio corpo

Espumante brut

◆ **TILÁPIA**

Chenin Blanc, Pinot Gris/Pinot Grigio, Pinot Blanc, Chardonnay sem Madeira

Rosé seco de médio corpo

◆ **TORTA DE PEIXE**

Pinot Gris ou Pinot Blanc da Alsácia, Chablis Premier Cru, Chardonnay sem madeira ou com pouca madeira, Chenin Blanc, Soave, Gavi, Sauvignon Blanc, Albariño, Falanghina

◆ **TRILHA (SALMONETE) FRITA**

Chablis Grand Cru ou Premier Cru, Mâcon branco, Riesling da Alsácia, Vouvray, Sancerre blanc, Sauvignon Blanc, Falanghina

Bolgheri rosato

Morellino di Scansano, Crozes-Hermitage, Chinon

◆ **TRUTA AO MOLHO DE AMÊNDOAS**

Chablis, Aligoté, Mâcon branco, Graves, Riesling alemão ou da Alsácia, Grüner Veltliner, Pinot Gris

◆ **TRUTA DEFUMADA**

Riesling, Pinot Gris da Alsácia, Pouilly-Fumé, Chablis, branco da Borgonha (Meursault, Puligny-Montachet, Fixin, Savigny-lès-Beaune), Grüner Veltliner, Manzanilla, Sauvignon Blanc da África do Sul ou da Califórnia

Espumante brut

◆ **TRUTA NO VAPOR**

Muscat da Alsácia, Riesling

Pizza

Pizza é uma unanimidade, e não precisa nem ser italiano para curtir a redonda. É um prato que remete à alegria, à convivência e à informalidade. Não tem nada de complicado e, por sua natureza ligeira, sem maiores compromissos com a gastronomia, não exige vinhos caros ou muito elaborados. Tintos secos leves ou de médio corpo, boa acidez e taninos bem resolvidos em geral dão certo.

◆ **ALCACHOFRA**

Chenin Blanc, Sauvignon Blanc, Grüner Veltliner

Rosé da Provence

◆ **ALICI (ANCHOVAS)**

Jerez Fino, Greco di Tufo, Fiano di Avellino, Verdicchio dei Castelli di Jesi, Picpoul de Pinet, Gavi, Alvarinho

◆ **BANANA COM CANELA**

Gewürztraminer meiodoce

◆ **BOSCAIOLA**
(leva funghi e linguiça)

Barbera

◆ **CALABRESA**
◆ **ALLA DIAVOLA**
(com salaminho picante)

Barbera, Chianti, Rosso di Montalcino, Sangiovese, Valpolicella, tinto siciliano, Merlot brasileiro, Zinfandel de médio corpo, Rioja jovem, Bonarda

Lambrusco

◆ **CALIFÓRNIA**
(com frutas em calda)

Moscato d'Asti, Moscatel de Setúbal, Muscat de Beaumes--de-Venise, Moscato di Pantelleria

◆ **CALZONE**

Fiano di Avellino

◆ **CHAMPIGNONS**

Pinot Noir, Tempranillo

◆ **ESCAROLA, RÚCULA OU ESPINAFRE**

Pinot Grigio, Verdicchio dei Castelli di Jesi, Chardonnay sem madeira, Greco di Tufo

Prosecco

◆ **FRANGO COM CATUPIRY**

Chardonnay com discreta passagem por madeira

◆ **FRUTOS DO MAR**

Fiano di Avellino, Greco di Tufo, Falanghina, Orvieto

Rosé seco de médio corpo

◆ **MARGHERITA**

Friulano, Vernaccia di San Gimignano, Verdicchio dei Castelli di Jesi, Gavi, Greco di Tufo, Chardonnay sem madeira

Lambrusco

Sangiovese

◆ **MARINARA**
(leva tomate, alho, orégano e manjericão)

Barbera d'Asti

Rosé seco de médio corpo

◆ **MUÇARELA**

Chianti, Nero d'Avola, Primitivo di Manduria

◆ **NAPOLITANA**

Sangiovese, Barbera

Pinot Grigio, Orvieto

◆ **NUTELLA**

Porto Ruby

Madeira Malmsey, Pedro Ximénez, Moscatel de Setúbal

◆ **PARMA**

Barbera d'Asti, Monastrell

Rosé seco de médio corpo

Lambrusco

Prosecco

◆ **PARMA E CHAMPIGNONS**

Barbaresco, Merlot, Chianti, Marzemino, Tempranillo

Lambrusco

◆ **PEPPERONI (PIMENTÕES)**

Merlot do norte da Itália, Sangiovese, Lagrein, Beaujolais, Chinon, Carmenère

Rosé seco ligeiro

Jerez Fino

◆ **PIZZA BRANCA**

Chardonnay sem madeira, Frascati, Riesling Itálico, Trebbiano d'Abruzzo

Espumante brut

◆ **PIZZA DOCE COM CHOCOLATE**

Banyuls, Porto tinto

◆ **PIZZA DOCE SEM CHOCOLATE**

Branco de colheita tardia, Moscatel

◆ **PORTUGUESA**

Merlot brasileiro, Côtes du Rhône, Monastrell

◆ **QUATRO ESTAÇÕES**
(dividida em quatro partes, com molho de tomate, presunto, cogumelos e alcachofra)

Merlot, Dolcetto, Barbera, Marzemino, Sangiovese

Lambrusco

◆ **QUATRO QUEIJOS**

Verdicchio dei Castelli di Jesi, Vermentino

Espumante rosé

Lambrusco

Pinot Noir

◆ **ROMEU E JULIETA**

Moscatel, branco de colheita tardia

◆ **TOMATE SECO COM MUÇARELA DE BÚFALA**

Pinot Grigio, Soave, Verdicchio

Rosé de Tavel

Queijos

Queijo e vinho são duas estrelas e, como tal, têm dificuldade em dividir o mesmo palco em igualdade de condições. Talvez aí, nessa busca da melhor harmonização, resida o fascínio desse improvável encontro. Há quem defenda que os brancos são a melhor escolha, porque os taninos do vinho tinto às vezes se chocam com o sal de muitos queijos. Faz sentido, pelo menos teoricamente. Mas é preciso experimentar, porque as opiniões dos especialistas às vezes são radicalmente opostas.

Um conselho: não escolha muitos queijos para compor sua tábua de queijos – é mais fácil harmonizar dois ou três produtos bem selecionados do que cinco ou seis. A menos que queira degustar cada queijo com um vinho diferente – o que, convenhamos, não é muito barato.

Outra dica: os queijos de leite de ovelha (Manchego, Serra da Estrela e outros) ficam ótimos na companhia de uma marmelada de qualidade.

CLASSIFICAÇÃO DOS QUEIJOS

Existem vários critérios para classificar os queijos: segundo a textura (tipo de massa), pelo tempo de maturação ou ainda pelo tratamento a que são submetidos. Uma das classificações mais simples é esta:

- De massa mole (Ricota, Minas frescal, Cabra fresco)
- De meia cura (Brie, Camembert, Emmental, Port Salut, Tilsit, Gouda, Minas meia cura)
- De massa dura (Parmesão, Provolone, Pecorino, Minas e cabra curados)
- Picantes (Roquefort, Gorgonzola, Bresse Bleu, Bleu d'Auvergne, Boursins apimentados)

Outra classificação, mais abrangente, é a seguinte:

Queijos de massa fresca (massa muito mole, não cozida, não prensada, não curada ou pouco curada): Petit Suisse (França), Fontainebleau (França), Minas frescal (Brasil), Mascarpone (Itália), Cottage (EUA), Cream Cheese (EUA)

Em geral, vão bem com brancos sem madeira, tipo Chardonnay, Prosecco, Verdicchio dei Castelli di Jesi ou com um tinto leve tipo Bardolino.

Queijos de massa mole não prensada, casca lavada (Pâte molle à croûte lavée): Époisses (Borgonha), Livarot (Normandia), Munster (Alsácia), Taleggio (Lombardia, Itália), Serra da Estrela (Portugal)

Pedem tintos encorpados (Borgonha, Châteauneuf-du-Pape, Côte Rôtie, Pomerol, Madiran) ou brancos como Gewürztraminer (especialmente para o Munster e para o Époisses) e Pinot Gris da Alsácia.

Queijos de massa mole, casca com penugem branca (Pâte molle à croûte fleurie): Brie (Ile de France, próximo de Paris), Camembert (Normandia), Coulommiers (Ile de France), Neufchâtel (Normandia)

Tintos jovens e frutados (Bordeaux, Bordeaux Supérieur, Côte de Nuits, Morgon, Saumur-Champigny, Gamay), brancos de bom corpo ou rosés frutados de médio corpo.

Queijos de massa prensada e cozida (Pâte pressée cuite): Beaufort (Rhône-Alpes), Comté (Franche-Comté), Emmental (Suiça), Gruyère (Suiça), Minas meia cura (Brasil)

Tintos de caráter e boa acidez (do Loire e da Borgonha, entre outros), Pinot Noir da Alsácia, ou os brancos Château-Chalon e Vin Jaune (da região destes queijos), Chablis Grand Cru envelhecido.

Queijos de massa prensada não cozida (Pâte pressée non cuite): Port Salut (Loire), Reblochon (Rhône-Alpes), Saint-Paulin (várias regiões francesas), Pont l'Evêque (Normandia), Cantal (Auvergne, Médio-Pireneus), Bel Paese (Itália), Gouda (Holanda), Manchego (Espanha), Minas artesanal (Araxá, Canastra, Serro - Brasil), Prato (Brasil)

Tintos ligeiros, jovens e frutados: Beaujolais, Gamay, Pinot Nero do Alto Adige.

Queijos de massa dura, cozida, de lenta maturação: Grana padano, Parmigiano reggiano, Pecorino romano.

Tintos estruturados, de boa evolução: Barolo, Barbaresco, Gattinara, Amarone, Brunello di Montalcino, Vino Nobile di Montepulciano, Carmignano, Chianti Clássico Riserva, Torgiano Rosso Riserva, Taurasi, Aglianico del Vulture. Especialmente para o Grana e o Parmigiano, brancos em geral funcionam bem.

Queijos azuis (Pâte persillée): Roquefort (Centro-Sul da França), Bresse Bleu (Auvergne), Fourme d'Ambert (Rhône-Alpes, Auvergne), Gorgonzola (Itália), Blue Stilton (Inglaterra), Cabrales (Espanha)

Brancos doces (Sauternes, Coteaux du Layon, Sélection de Grains Nobles da Alsácia), Vins Doux Naturels (brancos Muscat de Beaumes-de-Venise, Muscat de Rivesaltes, tintos Banyuls, Maury, Rasteau), Porto Ruby ou Vintage jovem, Primitivo di Manduria.

Queijos de cabra (Chèvre): Banon (Provence), Crottin de Chavignol (Borgonha, Centro), Pouligny-Saint Pierre (Centro)

Brancos secos e aromáticos de Sauvignon Blanc (Sancerre, em especial), Vouvray, Viognier, Torrontés, Gewürztraminer meio-doce, tintos Chinon e Saumur (Loire).

Queijos fundidos: Cancoillote (Franche-Comté), La Vache qui Rit (toda a França), Catupiry (Brasil)

Tintos leves.

◆ APPENZELLER (SUI)

Pinot Noir, Shiraz, Pinotage, Merlot

Jerez Fino

Champanhe brut

◆ ASIAGO (ITA)

Amarone della Valpolicella, Valpolicella Classico, Merlot do Veneto, Cabernet Franc do Friuli, Refosco dal Peduncolo Rosso, supertoscano à base de Merlot e Cabernet

Pinot Gris/Pinot Grigio, Chenin Blanc, *Jerez Oloroso, Madeira seco*

◆ AZEITÃO (POR)

Porto Vintage, tinto português de Palmela

Moscatel de Setúbal

◆ BEL PAESE (ITA)

Bardolino, Barbera, Chianti, Montepulciano d'Abruzzo, Beaujolais

Branco de Garganega, Chardonnay sem madeira do norte da Itália

Rosé seco de médio corpo

◆ BOURSIN (FRA)

Branco seco leve: Frascati, Orvieto, Pinot Grigio, Chardonnay sem madeira, Riesling Itálico, Trebbiano

◆ BRIE DE MEAUX (FRA)

Pinot Noir, Gamay, Merlot

Chardonnay sem madeira, Fiano di Avellino, Pinot Grigio

Rosé da Provence

Espumante brut

◆ BRIE DE MELUN (FRA)

Bourgueil, Saumur-Champigny, Pinot Noir da Alsácia, Beaujolais

Chablis, Givry branco

◆ BRILLAT-SAVARIN (FRA)

Cru de Beaujolais: Morgon, Fleurie, Moulin-à-Vent

Chablis

◆ BURRATA
(queijo muçarela recheado com massa fresca de muçarela e creme de leite)

Soave, Pinot Grigio, Pinot Bianco, Fiano di Avellino, Greco di Tufo, Falanghina, Sauvignon Blanc, Frascati, Chardonnay do Novo Mundo sem madeira

◆ CABRA CURADO

Syrah, Pinot Noir, Merlot

Riesling evoluído, Mâcon branco, Chablis jovem, Savennières

◆ **CABRA FRESCO**

Sancerre, Sauvignon Blanc em geral, Chenin Blanc, Soave, Albariño, Verdejo, Chablis, Pinot Grigio, Riesling, Grüner Veltliner, *Torrontés*

Gamay, Chinon

Rosé seco ligeiro

◆ **CABRA MEIA CURA**

Pinot Gris da Alsácia

◆ **CACIOCAVALLO** (ITA)

Montepulciano d'Abruzzo, Aglianico del Vulture

◆ **CAMEMBERT** (FRA)

Pinot Noir da Borgonha, cru de Beaujolais (Fleurie, Morgon, Moulin-à-Vent), Merlot, Chinon

Chardonnay barricado, Vouvray, Chenin Blanc sul-africano

Champanhe brut safrado

◆ **CAMEMBERT CURADO**

Supertoscano de Merlot e Cabernet, Saint-Emilion, Saint-Estèphe, Shiraz australiano, tinto do Rhône

Jerez Fino

◆ **CANASTRA** (BRA)

Gamay, Pinot Noir

Chardonnay barricado

◆ **CANTAL** (FRA)

Pinot Noir da Alsácia, tinto de Bordeaux

Viognier, Chardonnay ou Sémillon barricado, Savennières Coulée de Serrant

◆ **CATUPIRY** (BRA)
◆ **REQUEIJÃO**

Gamay, Merlot brasileiro, Sangiovese di Romagna, Montepulciano d'Abruzzo, Beaujolais nouveau

Rosé seco de médio corpo

◆ **CHAOURCE** (FRA)

Sancerre tinto, Pinot Noir

Espumante brut

◆ **CHEDDAR** (ING)

Tinto de Bordeaux, Cabernet Sauvignon, Merlot, Tempranillo, Pinotage, Porto Vintage, LBV ou Tawny 10 Anos, Pinot Noir da Borgonha

Chardonnay barricado, Jerez Amontillado

Champanhe brut

◆ **COALHO GRELHADO** (BRA)

Sancerre, Pouilly-Fumé, Sauvignon Blanc do Novo Mundo, Soave, Verdicchio dei Castelli di Jesi

Espumante brut

Shiraz australiano

Rosé da Provence

◆ **COMTÉ** (FRA)

Pinot Noir da Alsácia, Merlot, Syrah do Languedoc, Rioja ou Navarra Reserva ou Gran Reserva, Zinfandel, Cabernet Sauvignon da Califórnia

Chablis Grand Cru, Mâcon branco, Viognier, Riesling, Chardonnay sem madeira, Jerez Amontillado, Palo Cortado, Oloroso

Champanhe brut

◆ **COTTAGE**
◆ **RICOTA** (ITA)

Pinot Bianco, Cinque Terre, Orvieto Classico, Vernaccia di San Gimignano, Sauvignon Blanc

Salice Salentino Rosato

Crémant da Alsácia

◆ **COULOMMIERS** (FRA)

Tinto do Rhône, tinto de Bordeaux

Branco de Bordeaux

Champanhe brut safrado

◆ **CREAM CHEESE** (EUA)

Cinsault, Sangiovese

Chardonnay sem madeira

◆ **CROTTIN DE CHAVIGNOL** (FRA)

Sancerre, Sauvignon Blanc em geral, *Chablis Premier Cru*

Rosé seco ligeiro

◆ **DANABLU** (Danish blue) (DIN)

Banyuls

Sauternes, Tokaji, Jerez doce

◆ **EDAM** (HOL)

Pinot Noir da Borgonha, Beaujolais, Cinsault, Bordeaux jovem

Riesling, Chardonnay

Espumante brut

◆ **EMMENTAL** (SUI)
◆ **MAASDAM** (HOL)

Merlot, Sangiovese, Pinot Noir

Chardonnay com pouca madeira, Pinot Gris, Riesling, Gewürztraminer

◆ **EPOISSES** (FRA)

Tinto da Provence (Bandol, Cassis, Bellet, Côtes de Provence), Châteauneuf-du-Pape, Côte-Rôtie, Pinot Noir da Borgonha (Nuits-Saint-Georges, Gevrey-Chambertin, Clos de Vougeot)

Chardonnay barricado, Chablis Premier Cru ou Grand Cru,

Meursault, Passito di Pantelleria, Gewürztraminer seco ou meiosseco

◆ **FETA** (GRE)
(a harmonização clássica é com o Ouzo, destilado local à base de Anis)

Assyrtiko, Sauvignon Blanc, Chenin Blanc, Pinot Gris, Viognier, Manzanilla

Tinto de Agiorgitiko

◆ **FONDUE DE QUEIJO**

Fendant suíço, Chardonnay com madeira do Novo Mundo, Chablis Premier Cru, Pinot Gris da Alsácia, Grüner Veltliner, Riesling

Chinon, Cabernet Franc, cru de Beaujolais (Morgon, Fleurie, Moulin-à-Vent)

◆ **FONDUTA PIEMONTESE**

Barolo, Nebbiolo d'Alba, Barbera d'Alba, Teroldego, Rosso Piceno

◆ **GORGONZOLA** (ITA)

Vinhos secos:
Amarone, Gattinara, Chianti Classico Riserva, Brunello di Montalcino

Vinhos doces:
Recioto della Valpolicella, Porto tinto, Banyuls

Recioto di Soave, Albana di Romagna Passito, Vin Santo toscano, Passito di Pantelleria, Marsala doce, Sauternes ou assemelhado (Barsac, Montbazillac, Sainte-Croix-du-Mont)

◆ **GORGONZOLA DOLCE** (ITA)

Passito di Pantelleria, Marsala doce, Gewürztraminer Sélection de Grains Nobles, Sauternes ou assemelhado (Barzac, Monbazillac, Sainte-Croix-du--Mont), Porto branco doce, Madeira doce, Jerez Pale Cream

◆ **GOUDA** (HOL)

Bordeaux tinto, Cabernet Sauvignon, Merlot, Pinot Noir da Borgonha, Pinotage, Tawny 20 Anos

Riesling ou Gewürztraminer da Alsácia

Champanhe brut

◆ **GRANA PADANO** (ITA)

Amarone, Barolo, Barbaresco, Langhe Nebbiolo, Barbera d'Asti, supertoscano de Merlot e Cabernet, Zinfandel

Lambrusco

Brancos secos em geral

◆ **GRUYÈRE** (SUI)

Grenache, Syrah, Pinot Noir da Borgonha, Beaujolais-Villages

Branco seco da Savoia, Pinot Blanc, Pinot Gris ou Riesling da Alsácia, Arbois branco,

Château-Chalon, Gewürztraminer meiodoce

Espumante brut

◆ **LIVAROT** (FRA)

Bordeaux tinto, Côte-de--Nuits, Pommard, Morey-Saint-Denis, cru de Beaujolais (Morgon, Moulin--à-Vent), Saumur-Champigny, Bourgueil

Pinot Gris da Alsácia, *Alsace Vendanges Tardives*

◆ **MANCHEGO** (ESP)

Tinto maduro da Rioja ou de La Mancha, Madiran, Cabernet Sauvignon, Nebbiolo, Barbera, Sangiovese, Tawny 20 Anos

Jerez Fino ou Amontillado, Madeira seco, *Porto branco doce*

◆ **MAROILLES** (FRA)

Gewürztraminer seco ou meiosseco, Bonnezeaux, Coteaux du Layon, Pineau de Charentes branco, Châteauneuf-du-Pape branco, Coteaux du Languedoc

Champanhe brut

◆ **MASCARPONE** (ITA)

Chardonnay sem madeira ou com pouca madeira

◆ **MINAS FRESCAL** (BRA)

Chardonnay sem madeira, Riesling Itálico, Trebbiano, Pinot Grigio

◆ **MINAS MEIA CURA** (BRA)

Merlot brasileiro, Sangiovese

◆ **MOUSSE DE GORGONZOLA OU DE ROQUEFORT**

Porto LBV

Riesling demi-sec

◆ **MUÇARELA DE BÚFALA**

Soave, Frascati Superiore, Chardonnay do Alto Adige, Verdicchio dei Castelli di Jesi, Sauvignon Blanc, Fiano di Avellino, Falanghina, Pinot Blanc, Grüner Veltliner

Espumante brut, Prosecco Extra Dry

◆ **MUÇARELA FRITA COM PÃO (MOZZARELLA IN CARROZZA)** (sanduíche italiano típico da Campania)

Nebbiolo, Sangiovese

Ischia branco, Fiano di Avellino, Pinot Grigio

Espumante método classico

◆ **MUNSTER** (FRA)

Tawny 10 Anos, Pinot Noir da Borgonha, Grenache, Syrah

Gewürztraminer seco ou meiosseco, Riesling, Pinot Gris ou Pinot Blanc da Alsácia, Coteaux du Layon, Sylvaner

◆ **OVELHA CURADO**

Syrah

◆ **PARMIGIANO REGGIANO** (ITA)
É um coringa, combina com todo tipo de vinho, branco ou tinto

Fica ótimo com um Amarone, inclusive com mel trufado. Outras boas opçõe: Nebbiolo, supertoscano, Aglianico del Vulture, Zinfandel, Tawny 20 Anos

Chardonnay jovem, Pinot Gris da Alsácia, Porto branco seco, *Madeira seco, Jerez Oloroso*

Espumante brut

Lambrusco

◆ **PECORINO ROMANO** (ITA)

Rosso Piceno, Montepulciano d'Abruzzo, Merlot, Cesanese di Olevano, Velletri tinto, Carignano del Sulcis

Cannellino di Frascati

◆ **PECORINO TOSCANO** (ITA)

Gattinara, Nebbiolo, Chianti Classico, Rosso Piceno, Torgiano, Tempranillo, Recioto della Valpolicella

Porto branco doce

◆ **PECORINO SARDO (FIORE SARDO)** (ITA)

Cannonau di Sardegna, tinto da Sicília, Vernaccia di San Gimignano

◆ **PONT L'EVÊQUE** (FRA)
◆ **PORT SALUT**

Pinot Noir, Gamay, Barbera, Sangiovese, Tawny 10 Anos

Chardonnay ou Sémillon com madeira, Sauvignon Blanc, Chenin Blanc

◆ **PRATO** (BRA)

Merlot, Pinot Noir do Novo Mundo, Bordeaux jovem

◆ **PRIMA DONNA** (HOL)

Bordeaux tinto, Châteauneuf-du-Pape, Syrah

Riesling meiosseco, Moscatel de Setúbal

◆ **PROVOLETA**

Chianti Clássico, Barbera, Cinsault

◆ **PROVOLONE** (ITA)
Difícil de harmonizar, por causa do caráter defumado. Algumas opções:

Fiano di Avellino, Greco di Tufo, Gewürztraminer de colheita tardia

Shiraz

◆ **QUEIJO FRITO**

Salice Salentino Rosato

◆ **QUICHE OU TORTA DE QUEIJO**

Branco seco e aromático (Pinot Gris, Sauvignon Blanc, Torrontés), Borgonha branco

◆ **RACLETTE** (SUI)

Shiraz, Bourgueil, cru de Beaujolais: Juliénas, Brouilly

Saint-Joseph branco, Chardonnay do Jura, Savoia branco, Mâcon branco, Pouilly-Fuissé, Riesling seco, Viognier

◆ **REBLOCHON** (FRA)

Savoia tinto, Pinot Noir da Borgonha, Coteaux du Languedoc

Mâcon branco, Chardonnay ou Sémillon barricado, Pinot Blanc e Pinot Gris da Alsácia, Savoia branco, Château-Chalon, Jerez Fino

Champanhe brut

◆ **REINO** (BRA)

Pinot Noir, Bordeaux jovem

◆ **ROQUEFORT** (FRA)
◆ **BLEU D'AUVERGNE** (FRA)
◆ **BLEU DE CAUSSES** (FRA)
◆ **BRESSE BLEU** (FRA)
◆ **FOURME D'AMBERT** (FRA)

Banyuls, Maury, Porto Vintage, Tawny 10 Anos

Sauternes ou assemelhado (Barsac, Monbazillac, Sainte-Croix-du-Mont), Jurançon doce, Madeira Malmsey, Passito di Pantelleria, Pedro Ximénez, Gewürztraminer Vendanges Tardives, Pineau de Charentes branco, Viognier, Sauvignon Blanc de colheita tardia

Pinot de Charentes rosé

◆ **SAINTE-MAURE** (FRA)

Sancerre, Pouilly-Fumé, Sauvignon Blanc em geral

◆ **SERPA** (POR)

Porto vintage

◆ **SERRA DA ESTRELA** (POR)

Porto Ruby, LBV ou Vintage

Madeira Malmsey

◆ **STILTON** (ING)

Porto LBV, Vintage ou Tawny com indicação de idade, Banyuls, *Zinfandel*

Jerez Oloroso, Tokaji, Sauternes, Madeira Malmsey

◆ SUFLÊ DE QUEIJO

- **Borgonha tinto (Santenay, Savigny-lès-Beaune, Pommard),** Sangiovese, Merlot brasileiro ou chileno
- **Mâcon branco, Pouilly-Fuissé, Chardonnay de médio corpo sem madeira**
- **Rosé seco de médio corpo**

◆ SUFLÊ DE QUEIJO DE CABRA

- **Poully-Fumé, Sauvignon Blanc em geral,** branco de colheita tardia

◆ TÁBUA DE QUEIJOS

- Difícil, pela variedade de queijos; mas um **Merlot** macio funciona bem

◆ TALEGGIO (ITA)

- **Pinot Nero dell'Oltrepò Pavese, Bonarda, Barbera, Barbaresco, Rosso Piceno**
- **Bardolino Chiaretto rosato**
- **Lambrusco**

Saladas

Procure escolher vinhos que tenham acidez igual ou maior que o tempero da salada. Em geral, brancos com uma nota vegetal ou herbácea funcionam bem.

Algumas indicações seguras: Sauvignon Blanc (especialmente do Vale do Loire: Sancerre e Pouilly-Fumé), Grüner Veltliner (Áustria), Chablis, Arneis (do Piemonte), Muscadet, Riesling, Vermentino (da Liguria ou da Sardenha), Fiano di Avellino e Greco di Tufo (ambos da Campania), Arinto (de Bucelas).

Quando a salada for de folhas verdes, embora não seja impossível harmonizar, o bom senso recomenda evitar o vinho (como foi comentado em "Casamentos Difíceis"). Se quiser usar vinagre balsâmico, pode pensar num tinto piemontês de Barbera. Mas é sempre aconselhável não temperar com vinagre ou usá-lo com parcimônia, porque ele acentua os taninos dos tintos e faz os brancos parecerem adocicados.

◆ ABACATE AO VINAGRETE

Branco de acidez marcante: Sauvignon Blanc da Nova Zelândia, Chablis ou Chardonnay jovem, Riesling, Arinto

Espumante brut

◆ ATUM EM LATA

Verdicchio dei Castelli di Jesi

Rosé da Provence

◆ BURRATA COM TOMATE SECO E RÚCULA

Sangiovese di Romagna

Frascati, Pinot Grigio, Soave, Chardonnay do Novo Mundo sem madeira

◆ CAESAR SALAD

Chardonnay com pouca madeira, Viognier, Chenin Blanc, Pinot Blanc, Friulano

Rosé seco ligeiro

Espumante brut

Espumante rosé

Sangiovese

◆ CAPRESE

Pinot Grigio, Alcamo branco, Soave, Verdicchio dei Castelli di Jesi, Chardonnay sem madeira, Sauvignon Blanc, Chenin Blanc, Riesling seco, Trebbiano d'Abruzzo

Rosé de Tavel, rosé da Provence

◆ COLESLAW

(de origem holandesa, leva repolho, maionese, cenoura e passa)

Branco com doçura discreta: Riesling meiosseco, Orvieto abboccato, Vouvray moelleux

◆ FOLHAS VERDES

Branco ligeiro não muito aromático e com boa acidez: Chardonnay sem madeira, Chenin Blanc, Frascati

Espumante brut

◆ FOLHAS VERDES COM NOZES

Branco português de Fernão Pires

◆ FOLHAS VERDES COM ALGUMA PROTEÍNA (CARNE, QUEIJO, OVOS, ERVILHA, LENTILHA, QUINOA)

Pinot Blanc, Sauvignon Blanc

◆ FOLHAS VERDES COM AGRIÃO, RADICCHIO OU OUTRAS FOLHAS COM NOTA AMARGA

Rosé seco ligeiro

◆ FOLHAS VERDES COM RÚCULA E PARMIGIANO

Jerez Amontillado, Fernão Pires, Arinto, Grüner Veltliner

◆ FRANGO DEFUMADO

Cru de Beaujolais (Brouilly, Fleurie, Morgon), Côtes du

Rhône, Sangiovese, Tempranillo

Chardonnay barricado do Novo Mundo, Pouilly-Fuissé, Mâcon branco

◆ FRANGO OU PATO DESFIADO

Beaujolais nouveau, Sangiovese di Romagna

Chardonnay sem madeira ou com pouca madeira

Rosé da Provence

◆ FRUTOS DO MAR

Sauvignon Blanc, Riesling, Chardonnay sem madeira, Sancerre, Picpoul de Pinet, Alvarinho/Albariño, Arinto, Manzanilla, Pinot Grigio

Rosé seco ligeiro

Espumante brut, espumante da Franciacorta, Prosecco

◆ GORGONZOLA COM FOLHAS VERDES, PERA E NOZES

Muscadet, Jerez Fino, Riesling da Alsácia, Savagnin do Jura

◆ GREGA
(com queijo feta, cebola roxa, tomate, pepino e azeitonas)

Branco de Assyrtiko, Retsina, Sauvignon Blanc, Chenin Blanc, Pinot Gris, Bordeaux branco, Verdejo, Vinho Verde branco

Espumante brut

◆ HABSBURG
(de origem italiana, leva alface, radicchio, rúcula, camarão e lula)

Sauvignon Blanc, Grüner Veltliner

◆ LAGOSTA
(com ovo cozido, creme de leite fresco e molho de tomate)

Branco doce com boa acidez e bom corpo: Barsac, Loupiac, Quarts de Chaume

◆ LEGUMES

Soave Classico, Riesling Itálico, Chardonnay sem madeira, Viognier

Rosé seco ligeiro ou de médio corpo

Prosecco

◆ LENTILHA

Tinto de médio corpo: Merlot brasileiro, Sangiovese, Montepulciano d'Abruzzo, Côtes du Rhône

◆ LYONNAISE
(leva alface frisée, bacon, cebola roxa, mostarda e ovo pochê)

Cru de Beaujolais (Morgon, Fleurie, Brouilly, Moulin-à-Vent), Côtes du Rhône

Riesling da Alsácia, Bordeaux branco

◆ **MAÇÃ E NOZES**

Arinto, Chenin Blanc

◆ **MAIONESE DE BATATA**

Chardonnay com boa acidez, branco da Côte Chalonnaise (Rully, Bouzeron), Soave, Riesling seco, Sauvignon Blanc da Nova Zelândia

◆ **MAIONESE DE LAGOSTA**

Chardonnay da Nova Zelândia, Chablis Premier Cru, Pinot Gris ou Riesling da Alsácia, Pouilly-Fuissé, Mâcon branco, Saint-Véran, Condrieu, Pinot Grigio do norte da Itália

Espumante safrado

◆ **NIÇOISE**
(leva anchova, atum, tomate, ovos cozidos, azeitonas pretas)

Branco do Rhône, branco do Languedoc-Roussillon (Corbières, Costières de Nîmes, Coteaux du Languedoc), branco da Provence (Palette, Cassis, Bandol), Sauvignon Blanc da Nova Zelândia, Chardonnay sem madeira, Verdicchio dei Castelli di Jesi, Pinot Blanc, Vinho Verde branco, Furmint

Rosé seco de médio corpo, rosé da Provence

◆ **QUINOA COM PEPINO, TOMATE CEREJA, PASSAS, HORTELÃ, CEBOLINHA**

Sauvignon Blanc, Verdejo, Grüner Veltliner

◆ **SALADA DE OVOS**

Chardonnay sem madeira, Friulano, Trebbiano d'Abruzzo, Viognier, Soave

Espumante brut

◆ **SALADA DE PALMITO**
(com alface, tomate, cebola e ovo cozido)

Sauvignon Blanc, Verdejo, Albariño, Pinot Grigio

Beaujolais, Pinot Noir

◆ **SALADA RUSSA**

Branco seco: Riesling do norte da Itália, Pinot Bianco, Gavi

◆ **SALADAS COM FÍGADO DE GALINHA**

Pinot Noir, tinto do Loire (Chinon, Bourgueil, Pineau d'Aunis)

◆ **SALADAS COM MANGA**

Sauvignon Blanc da Nova Zelândia

◆ **SALADAS COM MASSA**
(geralmente levam maionese, frango desfiado ou presunto, milho cozido; as massas preferidas

são fusilli, penne e farfalle)

Branco italiano macio (Soave, Gavi), Chardonnay sem madeira ou com pouca madeira, Chenin Blanc

Rosé seco de médio corpo

Pinot Noir

◆ **SALADAS COM PRESUNTO**

Chardonnay com pouca madeira, Chenin Blanc

◆ **SALADAS COM QUEIJO**

Chardonnay com pouca madeira

◆ **SALADAS COM QUEIJO DE CABRA**

Sauvignon Blanc do Loire (Pouilly-Fumé, Sancerre), Sauvignon Blanc do Novo Mundo

Cabernet Franc do Loire: Chinon, Bourgueil

◆ **SALADAS COM TOMATE**

Sauvignon Blanc, Verdicchio dei Castelli di Jesi, Verdejo

Rosé da Provence, rosé de Tavel

◆ **SALPICÃO DE FRANGO**

Chardonnay barricado, Encruzado, Greco di Tufo, Friulano

◆ **TABULE**

Branco vivo e com frescor: Sauvignon Blanc da Nova Zelândia, Chenin Blanc, Riesling seco, Chardonnay sem madeira

Rosé da Provence ou rosé seco de médio corpo

◆ **WALDORF**

Riesling, Chenin Blanc, Vouvray seco ou moelleux, Arbois branco, Côte du Jura, Soave

Sanduíches

Às vezes, a fome não é tão grande que justifique sair para jantar ou preparar um prato. Domingo à noite, então, nem se fala. É o momento ideal para uma refeição ligeira, a hora do sanduíche. Mas sanduíche não é só cachorro-quente ou misto quente: tem os hambúrgueres, cada vez mais transados; os sanduíches de salmão; os wraps, uma pedida diferente. É impressionante como sanduíche fica bem com vinho!

◆ **BAURU**
(fatias de rosbife frio, rodelas de pepino em conserva, fatias de tomate, queijos prato, gouda e estepe – ou suíço – derretidos em água e manteiga; servido no pão francês)

Sangiovese, Pinotage, Merlot ou Cabernet Franc brasileiro

Rosé de médio corpo

◆ **CACHORRO-QUENTE**

Sangiovese, Barbera, Montepulciano d'Abruzzo, Merlot brasileiro, Beaujolais-Villages, Chinon

Rosé frutado de bom corpo

◆ **CARNE ASSADA**

Merlot ou Cabernet Franc brasileiro, Sangiovese, Pinot Noir, Tempranillo jovem, Malbec argentino

◆ **CHEESEBURGER**
◆ **HAMBÚRGUER**

Tinto jovem sem madeira (Beaujolais, Cabernet, Merlot, Shiraz, Côtes du Rhône, Chianti, Valpolicella, Malbec argentino, Grignolino), Zinfandel

Lambrusco

◆ **COSTELA**
◆ **RABADA**

Cabernet Sauvignon do Novo Mundo, Chianti, Cannonau di Sardegna, Carmenère, Malbec argentino, Tempranillo jovem

◆ **CROQUE MONSIEUR**
(é um tipo de misto quente feito com queijo Gruyère e coberto com molho bechamel gratinado)

Riesling meiosseco, Sauvignon Blanc, Grüner Veltliner, Verdejo, Vermentino di Sardegna

◆ **LAGOSTA**

Chardonnay com pouca madeira, Viognier

◆ **LINGUIÇA**

Merlot, Shiraz, Zinfandel, Lambrusco

◆ **MISTO QUENTE**

Tinto leve: Beaujolais, Valpolicella, Dolcetto

Branco encorpado seco e frutado: Chardonnay, Sémillon

Rosé seco de médio corpo

◆ **MORTADELA**

Sangiovese di Romagna, Bardolino, Valpolicella

Lambrusco

◆ **PASTA DE ANCHOVAS OU DE SARDINHAS ANCHOVADAS**

Jerez Fino, Manzanilla

Rosé da Provence

◆ **PASTA DE ATUM**

Gamay, Pinot Noir

Verdicchio dei Castelli di Jesi, Vermentino di Sardegna

Espumante rosé brut

◆ **PASTA DE FRANGO**

Gamay, Beaujolais nouveau

Chardonnay sem madeira, Pinot Grigio

Rosé seco ligeiro

◆ **PASTA DE GORGONZOLA**

Roero Arneis tinto, Barbera d'Asti, Merlot

Verdicchio dei Castelli di Jesi, Chardonnay com pouca madeira

◆ **PASTA DE OVOS**

Chardonnay sem madeira, Friulano, Soave, Trebbiano d'Abruzzo

◆ **PASTRAMI**

Barbera d'Asti, Dolcetto, Valpolicella, Chianti, Sangiovese, Beaujolais

◆ **PATO DESFIADO**

Jerez Oloroso, Madeira seco

◆ **PEITO DE PERU**

Pinot Noir, Beaujolais-Villages, Merlot, Cabernet Franc

◆ **PERNIL COM ABACAXI**

Merlot brasileiro ou chileno, Sangiovese, Tempranillo sem madeira

Chardonnay barricado

◆ **PRESUNTO COZIDO**

Rosé da Provence

◆ **PRESUNTO CRU**

Chianti

Rosé seco de médio corpo

Espumante rosé brut

◆ **QUEIJO**

Chardonnay sem madeira

Rosé de médio corpo

◆ **QUEIJO COM BANANA**

Gewürztraminer meiodoce, Moscato d'Asti, Muscat de Beaumes-de-Venise, Viognier

◆ **QUEIJO NA CHAPA NO PÃO DE FORMA**

Tinto do Dão, Gigondas, Shiraz australiano

◆ **QUEIJOS MARCANTES COMO O MUNSTER E O TALEGGIO**

Gewürztraminer da Alsácia

Pinot Noir

◆ **ROSBIFE**

Gamay, Pinot Noir, Sangiovese, Merlot, Tempranillo, Cinsault

Chardonnay barricado

◆ **SALAMINHO**

Lambrusco

◆ **SALMÃO**

Sancerre ou outro bom Sauvignon Blanc, Riesling, Chablis, Chardonnay do Novo Mundo sem madeira

Espumante brut

Espumante rosé

◆ **WRAP (RECHEIO SALGADO)**

Chardonnay do Novo Mundo, fresco e sem madeira, Chenin Blanc, Vermentino di Sardegna

◆ **WRAP COM RECHEIO DE BANANA, AÇÚCAR E CANELA**

Gewürztraminer meiodoce, Moscatel

◆ **WRAP COM RECHEIO DE DOCE DE LEITE**

Sauternes ou branco doce do Loire: Bonnezeaux, Coteaux du Layon, Quarts de Chaume

"Se você voltar aos Gregos e Romanos, eles conversam sobre essas três coisas – vinho, comida e arte – como uma forma de enriquecer a vida"

Robert Mondavi (1913–2008)

Produtor de vinhos americano

Sobremesas, doces e docinhos

O mundo das sobremesas abrange um vasto leque de opções, desde os doces caseiros até os grandes astros da *pâtisserie*. Se não temos mais as famosas *pièces montées*, que fizeram a glória de Carême, os clássicos da categoria continuam insubstituíveis – quem resiste a um crêpe Suzette, a um mil folhas ou a uma tarte Tatin? Os vinhos doces também são irresistíveis, não exatamente pela doçura, mas porque costumam apresentar um belo equilíbrio entre doçura e acidez, além de uma grande riqueza aromática.

Um esclarecimento: vinhos botriytizados são aqueles elaborados com uvas atacadas pelo fungo *Botrytis cinerea*, que provoca a chamada "podridão nobre", característica de grandes vinhos doces, entre eles o Sauternes, o Tokaji, vinhos alemães do tipo Beerenauslese e Trockenbeerenauslese e os SGN (Sélection de Grains Nobles) da Alsácia.

E quando falamos de Sauternes ou assemelhado estamos nos referindo a vinhos do mesmo estilo, porém de áreas próximas de Sauternes: Barsac, Sainte-Croix-du-Mont, Montbazillac, Loupiac, Cadillac, sempre mais baratos que a estrela maior da região, e geralmente de muito bom nível.

Dica importante: para a harmonização funcionar bem, é preciso que o vinho seja mais doce que a sobremesa.

◆ ABACAXI OU PÊSSEGO EM CALDA

Moscatel espanhol

◆ AFFOGATO
(sorvete de creme ou baunilha com café expresso)

Tawny com indicação de idade

Marsala dolce, Vin Santo toscano, Pedro Ximénez

◆ AIPIM COM MELADO
◆ BATATA DOCE COM MELADO

Pedro Ximénez

◆ ALETRIA
(doce à base de cabelinho de anjo)
◆ ARROZ DOCE
(polvilhado de canela)

Porto Tawny, Tawny com indicação de idade

Gewürztraminer de colheita tardia, Moscatel de Setúbal, Madeira meiodoce, branco de colheita tardia

◆ AMBROSIA

Branco de colheita tardia, Muscat de Rivesaltes, Moscatel espanhol

◆ AMEIXAS EM CALDA OU SECAS

Banyuls, Porto Ruby ou LBV

◆ BABÁ AO RUM
◆ BABA DE MOÇA
◆ SAVARIN
(sobremesa francesa em formato de anel, com massa à base de brioche e calda de rum)

Moscatel de Setúbal, Gewürztraminer de colheita tardia, Sauternes ou assemelhado

◆ BACLAVA (BAKLAVA)
(doce originário do Oriente Médio, feito de massa folhada com recheio de frutas secas e coberto de mel)

Moscatel espanhol, Sauternes ou assemelhado (Barsac, Monbazillac, Sainte-Croix--du-Mont)

Banyuls

◆ BANANA ASSADA, CARAMELADA, FLAMBADA, COM SORVETE DE CREME OU FRITA COM CANELA

Branco doce delicado: Muscat de Beaumes-de-Venise, Gewürztraminer de colheita tardia

◆ BANANA REAL
◆ BANANA SPLIT

Banyuls, Maury, Rasteau

Moscatel

Blanquette de Limoux méthode ancestrale

◆ **BAVAROIS (BAVARESE)**
(uma espécie de mousse feita com creme inglês e gelatina batidos, em geral servida com frutas vermelhas em calda)

Gewütrztraminer de colheita tardia, Moscato d'Asti

Espumante demi-sec, Blanquette de Limoux méthode ancestrale

Espumante demi-sec rosé

◆ **BEM-CASADO (CASADINHO)**

Branco de colheita tardia

Espumante demi-sec

◆ **BISCOITINHOS COM RECHEIO DE DAMASCO OU MORANGO**

Moscato d'Asti, Muscat de Beaumes-de-Venise

◆ **BISCOITOS AMANTEIGADOS**

Porto Tawny

◆ **BOLINHO DE CHUVA**

Moscato d'Asti

Espumante demi-sec

◆ **BOLINHO DE ESTUDANTE**

Gewürztraminer de colheita tardia

◆ **BOLO DE AIPIM**

Branco de colheita tardia

◆ **BOLO DE CENOURA COM COBERTURA DE CHOCOLATE**

Porto Ruby

◆ **BOLO OU TORTA DE CHOCOLATE**

Banyuls, Maury, Rasteau, Porto Ruby ou LBV

Moscato di Pantelleria, *Château-Chalon*

◆ **BOLO DE FRUTAS**

Tawny com indicação de idade

Moscatel, Jerez doce

Asti

◆ **BOLO INGLÊS**

Tawny 10 Anos

Moscatel de Setúbal, Muscat de Beaumes-de-Venise

◆ **BOLO DE LARANJA**

Muscat de Beaumes-de-Venise, Muscat de Rivesaltes, Moscatel de Setúbal, Moscatel espanhol, Sauternes ou assemelhado (Barsac, Monbazillac, Sainte-Croix-du-Mont), Jerez doce

◆ **BOLO DE MILHO**
◆ **BOLO DE FUBÁ COM COCO**
◆ **BROA DE MILHO COM ERVA-DOCE**
◆ **CURAU**
◆ **PAMONHA DE MILHO VERDE**

Branco de colheita tardia, Riesling meiosseco

◆ **BOLO DE NOZES**

Tawny 10 ou 20 Anos

Château-Chalon

◆ **BOLO DE ROLO**

Tawny 10 Anos

Jerez doce, Moscatel de Setúbal

◆ **BOLO QUENTE DE CHOCOLATE**

Jerez Oloroso

◆ **BOLO SOUZA LEÃO**
(típico de Pernambuco, leva manteiga, gemas, leite de coco e massa puba)

Tawny 10 Anos

Moscatel de Setúbal, Madeira Malmsey

◆ **BRIGADEIRO**

Porto Ruby, Porto LBV

◆ **BROWNIE DE CHOCOLATE**

Porto Ruby ou Tawny, Pineau de Charentes, Maury

◆ **CAJUZINHO**
◆ **PAÇOCA**
◆ **PÉ DE MOLEQUE**
Harmonização difícil, pelo amendoim. Experimente um destes dois:

Fernão Pires

Porto Ruby

◆ **CANJICA**

Moscatel de Setúbal

◆ **CANNOLI**
(originário da Sicília, é uma massa frita em forma de tubo, recheada com creme de ricota e outros ingredientes)

Passito di Pantelleria, Moscato di Noto licoroso, Marsala doce

Moscato rosa do Alto Adige

◆ **CANTUCCI**
(típico da Toscana, é uma espécie de biscoito doce, seco e duro, enriquecido com amêndoas)

Vin Santo toscano é o tradicional. Também **Moscatel de Setúbal,** Jerez doce, Madeira doce, Tokaji

◆ **CARTOLA**
(sobremesa nordestina que leva banana nanica/banana d'água, queijo coalho, açúcar e canela)
◆ **MINEIRO DE BOTAS**
(leva banana, queijo Minas, manteiga, açúcar e canela)

Moscatel de Setúbal, Muscat de Rivesaltes, Gewürztraminer de colheita tardia

◆ **CASSATA SICILIANA**

Passito di Pantelleria, Moscato di Noto, Muscat de Frontignan, Marsala doce

Asti

◆ CHARLOTTE
(torta com frutas vermelhas)

Moscato d'Asti, Sauternes ou assemelhado (Barsac-Monbazillac, Sainte-Croix-du-Mont)

Espumante rosé demi-sec

Lambrusco amabile

◆ CHEESECAKE

Muscat de Beaumes-de-Venise, branco de colheita tardia, Riesling meiodoce, Sauternes ou assemelhado, *Torrontés*

Tawny 10 Anos

Asti

◆ CHOCOLATE EM GERAL

Banyuls, Maury, Tawny 10 anos, Moscatel tinto, Recioto della Valpolicella, Pineau de Charentes tinto

Moscatel de Málaga, Jerez doce, Tokaji, Pineau de Charentes branco

Pineau de Charentes rosé

◆ CHOCOLATE AMARGO

Banyuls, Maury, Porto LBV, Tawny 20 Anos, Zinfandel, Shiraz, Bordeaux, Grenache, Malbec

Marsala Superiore, Pedro Ximénez

◆ CHOCOLATE AO LEITE

Porto Ruby, Brachetto d'Acqui, Recioto della Valpolcella, Maury

Moscato, Malvasia delle Lipari, Tokaji

◆ CHOCOLATE BRANCO

Gewürztraminer, Moscato Passito, Moscato d'Asti, Recioto di Soave, Riesling meiosseco

Brachetto d'Acqui

Porto rosé

Espumante demi-sec

◆ CHOCOLATE COM CAFÉ

Porto LBV

Jerez Oloroso, Jerez doce, Marsala doce

◆ CHOCOLATE COM CARAMELO OU TOFFEE

Maury, Tawny 20 Anos

Tokaji, Madeira, Jerez Oloroso, Moscatel de Setúbal, Sauternes

◆ CHOCOLATE COM COCO

Brachetto d'Acqui

Sauternes, Sémillon de colheita tardia

◆ CHOCOLATE COM FRUTAS
(no recheio ou na cobertura)

Banyuls, Porto Ruby, Cabernet Sauvignon, Merlot

Vin Santo toscano, Madeira

◆ **CHOCOLATE COM GENGIBRE**

Zinfandel

◆ **CHOCOLATE COM LARANJA**

Tawny com indicação de idade

Moscatel de Setúbal

Pineau de Charentes rosé

◆ **CHOCOLATE COM MENTA**

Cabernet Sauvignon americano ou chileno, Zinfandel, Syrah, Touriga Nacional

◆ **CHOCOLATE COM NOZES, AVELÃS OU AMÊNDOAS**

Brachetto d'Acqui, Maury, Porto Ruby

Pedro Ximénez

◆ **CHOCOLATE COM PIMENTA**

Syrah, Cabernet Sauvignon

Lambrusco

◆ **COCADA BRANCA OU PRETA**

Moscatel de Setúbal, Riesling meiodoce

◆ **CRÈME BRÛLÉE**
◆ **PUDIM DE LEITE**

Branco de colheita tardia, Recioto di Soave, Sauternes ou assemelhado (Barsac, Monbazillac, Sainte-Croix-du-Mont), Muscat de Beaumes-de-Venise, Moscatel de Setúbal, Tokaji, Riesling Beerenauslese alemão, Madeira

Banyuls, Tawny 10 Anos

◆ **CRÊPES**

Branco doce do Loire (Bonnezeaux, Coteaux du Layon, Quarts de Chaume), Tokaji

◆ **CRÊPE SUZETTE**

Branco doce do Loire (Bonnezeaux, Coteaux du Layon, Quarts de Chaume), Riesling Auslese ou Beerenauslese alemão, Vouvray moelleux, Sauternes ou assemelhado (Barsac, Monbazillac, Sainte-Croix-du-Mont)

Blanquette de Limoux, Asti

◆ **CRUMBLE DE MAÇÃ OU DE BANANA**

Riesling de colheita tardia, branco doce do Loire (Bonnezeaux, Coteaux du Layon, Quarts de Chaume), branco de colheita tardia

◆ **CUPCAKE**
◆ **MUFFIN**

Espumante rosé demi-sec

◆ **CUSCUZ DE TAPIOCA**

Moscatel de Setúbal, Moscatel espanhol, Muscat de Beaumes-de-Venise

◆ DOCE DE ABÓBORA COM COCO

Sémillon de colheita tardia, Gewürztraminer doce, Moscatel de Setúbal

◆ DOCE DE BANANA

Moscatel de Setúbal

◆ DOCE DE GOIABA COM SORVETE DE QUEIJO OU DE TAPIOCA

Moscatel

Asti

◆ DOCE DE LARANJA DA TERRA

Sauternes ou assemelhado (Barsac, Monbazillac, Sainte-Croix-du-Mont), Tokaji, Madeira Malmsey

◆ DOCE DE LEITE COM QUEIJO MINAS
◆ ALFAJOR DE DOCE DE LEITE
◆ CHURROS
◆ PANQUECA COM RECHEIO DE DOCE DE LEITE OU DE FRUTAS VERMELHAS

Branco doce do Loire (Bonnezeaux, Coteaux du Layon, Quarts de Chaume), branco de colheita tardia, Sauternes ou assemelhado (Barsac, Monbazillac, Sainte-Croix-du-Mont), Riesling Beerenauslese alemão

◆ DOCE DE MAMÃO VERDE

Branco de colheita tardia

◆ DOCES ÁRABES

Moscatel de Setúbal, Passito di Pantelleria

◆ DOCES DE FRUTAS EM GERAL

Moscato d'Asti

◆ DOCES PORTUGUESES À BASE DE GEMA DE OVOS
(pastel de Santa Clara, pastel de Belém, encharcada, ovos moles d'Aveiro, barriga de freira...)
◆ CHUVISCO
◆ PAPO DE ANJO
◆ FARÓFIA

Tawny 20 Anos ou 30 Anos

Moscatel de Setúbal, Madeira doce, branco de colheita tardia

◆ DOCINHOS DE CONFEITARIA

Moscato d'Asti

Moscato rosa do Alto Adige

Asti, Moscatel espumante brasileiro

◆ DONUT
(massa de bolo açucarada e frita, em forma de rosquinha, com coberturas diversas)
Dependendo da cobertura, pode ser um destes vinhos:

- **Chardonnay com pouca madeira**
- **Porto Ruby**
- **Rosé seco ligeiro**

◆ FIGOS EM CALDA

- **Banyuls**

◆ FONDUE DE CHOCOLATE

- **Porto LBV, Banyuls, Pineau de Charentes tinto**
- **Madeira doce,** Moscatel de Setúbal

◆ FRUTAS CRISTALIZADAS

- **Muscat de Beaumes-de-Venise, Moscatel espanhol, Passito di Pantelleria, Muscat de Rivesaltes, Muscat de Frontignan, Gewürztraminer de colheita tardia**
- **Moscato rosa do Alto Adige**

◆ FRUTAS EM CALDA

- **Muscat de Beaumes-de-Venise, Moscato di Pantelleria, Moscato d'Asti**

◆ FRUTAS SECAS
(tâmaras, passas, nozes, figos)

- **Porto Ruby**
- **Moscatel de Setúbal, Jerez doce, Madeira Verdelho, Moscatel de Málaga, Marsala doce**

◆ FRUTAS SECAS COZIDAS COM CREME

- **Recioto della Valpolicella**
- **Branco botrytizado: Tokaji, Sauternes ou assemelhado (Barsac, Monbazillac, Sainte-Croix-du-Mont)**

◆ GALETTE DES RÓIS
(bolo comemorativo do Dia de Reis, feito de massa folhada e recheado com creme e amêndoas)

- **Moscato d'Asti, Coteaux du Layon, Muscat de Beaumes-de-Venise**
- **Espumante demi-sec**

◆ GELATINA

- **Asti, Moscatel espumante brasileiro**

◆ GOIABADA COM QUEIJO OU CATUPIRY

- **Moscatel, branco de colheita tardia, Gewürztraminer doce**

◆ GRATIN DE FRUTAS

- **Sauternes ou assemelhado (Barsac, Monbazillac, Sainte-Croix-du-Mont), Gewürztraminer Sélection de Grains Nobles**

◆ KOUGLOF
(bolo típico da Alsácia, Áustria, Alemanha e Suiça)

- **Muscat da Alsácia**

◆ MAÇÃ COZIDA OU CARAMELIZADA

Branco doce do Loire (Bonnezeaux, Coteaux du Layon, Quarts de Chaume), Riesling de colheita tardia

◆ MACARON
◆ MÃE BENTA

Moscato d'Asti

Moscato rosa do Alto Adige

Asti, Moscatel espumante brasileiro

◆ MANJAR BRANCO COM AMEIXAS EM CALDA

Sauternes, Riesling Beerenauslese alemão

Porto Ruby ou LBV

◆ MARROM GLACÊ

Banyuls, Maury

Coteaux du Layon, Sauternes ou assemelhado, Muscat de Rivesaltes, Moscatel de Setúbal, Passito di Pantelleria

◆ MARZIPAN

Branco de colheita tardia, Sauternes ou assemelhado (Barsac, Monbazillac, Sainte-Croix-du-Mont), Tokaji

◆ MIL FOLHAS

Moscato d'Asti, Sauternes ou assemelhado (Barsac, Monbazillac, Sainte-Croix-du-Mont), Pinot Gris Vendanges Tardives

Moscato rosa do Alto Adige

Asti, Clairette de Die méthode ancestrale, espumante demi-sec

Banyuls

◆ MORANGOS COM CREME CHANTILLY

Muscat de Beaumes-de-Venise, Sauternes ou assemelhado (Barsac, Monbazillac, Sainte-Croix-du-Mont), branco de colheita tardia, Vouvray moelleux, branco doce do Loire (Bonnezeaux, Coteaux du Layon, Quarts de Chaume), Riesling Beerenauslese alemão, Malvasia delle Lipari

Moscato rosa do Alto Adige

Espumante demi-sec

◆ MOUSSE DE BACURI, CUPUAÇU OU GRAVIOLA

Sauvignon Blanc de colheita tardia, Moscato d'Asti

Espumante demi-sec

◆ MOUSSE DE CHOCOLATE

Brachetto d'Acqui, Banyuls, Maury, Rasteau, Porto Tawny ou LBV, Moscatel tinto, Pineau de Charentes tinto

Passito di Pantelleria, Moscato d'Asti

Pineau de Charentes rosé

Espumante rosé demi-sec

◆ MOUSSE DE LIMÃO OU DE MARACUJÁ

Riesling de colheita tardia, Moscato d'Asti, Muscat de Beaumes-de-Venise

Espumante demi-sec

◆ MOUSSE DE MANGA

Gewürztraminer meiodoce

◆ MOUSSE DE MORANGO

Espumante demi-sec

Espumante demi-sec rosé

◆ NOUGAT
◆ PANFORTE DI SIENA
(doce típico da Toscana, à base de amêndoas, mel, frutas cristalizadas e especiarias)
◆ TORRONE

Coteau du Layon, Muscat de Beaumes-de-Venise, Muscat de Rivesaltes, Muscat de Frontignan, Vin Santo toscano, Passito di Pantelleria

Espumante rosé

◆ OLHO DE SOGRA

Banyuls, Porto Tawny

Marsala doce

Moscato rosa do Alto Adige

◆ OVOS NEVADOS
◆ PUDIM DE CLARAS

Monbazillac, Muscat de Frontignan, Moscato d'Asti

Asti, espumante demi-sec

◆ PANDORO
(bolo típico de Verona, que leva farinha, ovos, manteiga e açúcar)

Recioto di Soave, Passito di Pantelleria

Asti

◆ PANNA COTTA COM CALDA DE FRUTAS VERMELHAS
(sobremesa típica do Piemonte, feita com nata de leite, açúcar, gelatina e especiarias)

Moscato d'Asti, Coteaux du Layon, Vouvray moelleux

Asti, espumante demi-sec, Clairette de Die méthode ancestrale

◆ PANNETONE COM FRUTAS CRISTALIZADAS

Recioto di Soave, Vin Santo toscano, Cannellino di Frascati, Barsac, Riesling ou Gewürztraminer de colheita tardia, Porto branco doce, Jerez doce, Madeira doce

Moscato rosa do Alto Adige

Asti, Moscatel espumante brasileiro, espumante demi-sec

Porto Tawny

◆ **PANNETONE DE CHOCOLATE**

Porto LBV, Banyuls

Pedro Ximénez

◆ **PÃO DE LÓ**

Moscatel de Setúbal, Madeira Malmsey

Moscato rosa do Alto Adige

◆ **PÃO DE MEL**
◆ **BOLO DE MEL**
◆ **PAIN D'ÉPICES**

Gewürztraminer de colheita tardia, Madeira meiodoce, Muscat de Beaumes-de-Venise, Sauternes ou assemelhado (Barsac, Monbazillac, Sainte-Croix-du-Mont)

◆ **PÃO DOCE**

Marsala doce

◆ **PASTIERA DI GRANO**
(torta típica napolitana, preparada na Páscoa, à base de ovos, ricota, frutas cristalizadas, farinha de trigo e trigo em grão)

◆ **PASTICCERIA SECCA ITALIANA**
(tortas, biscoitos, praline e similares)

Passito di Pantelleria, Marsala meiosseco, Gewürztraminer de colheita tardia, Cannellino di Frascati

◆ **PAVLOVA**
(sobremesa em forma de bolo, à base de merengue, crocante por fora e macia por dentro, coberta de frutas frescas; o nome é uma homenagem à bailarina russa Anna Pavlova)

Moscato d'Asti, branco doce do Loire (Bonnezeaux, Coteaux du Layon, Quarts de Chaume), Gewürztraminer ou Muscat de colheita tardia da Alsácia

Asti, Moscatel espumante brasileiro

◆ **PERA BELLE HÉLÈNE**
(pera cozida em calda de açúcar, coberta com calda quente de chocolate, servida com sorvete)

Riesling botrytizado, Coteaux du Layon, Muscat de Rivesaltes, Muscat de Beaumes-de-Venise, Sauternes ou assemelhado (Barsac, Monbazillac, Sainte-Croix-du-Mont)

Blanquette de Limoux méthode ancestrale

◆ **PERA OU MAÇÃ NO VINHO TINTO**

Tinto macio, fresco e frutado (Bordeaux, Graves), tinto fortificado doce (Banyuls, Maury), Porto Ruby ou LBV

Riesling Beerenauslese alemão, Jerez doce

◆ PÊSSEGOS COM CREME
◆ PÊSSEGO MELBA
(pêssego com calda de framboesa e sorvete de baunilha, criação do chef Auguste Escoffier para a soprano australiana Nellie Melba)

Riesling de colheita tardia, Muscat de Frontignan, Pinot Gris Vendanges Tardives, Pacherenc du Vic-Bilh doce

Asti

◆ PETIT FOUR

Porto Tawny, Tawny 10 Anos

Madeira Malmsey

Crémant do Loire ou da Borgonha

◆ PETIT GÂTEAU DE CHOCOLATE

Porto Vintage ou Tawny 10 Anos, Banyuls, Maury, Rasteau

Passito di Pantelleria, Pedro Ximénez

◆ PRALINE
(doce feito com algum tipo de castanha caramelizada ou recoberta de chocolate)

Banyuls, Maury, Rasteau, Porto Colheita,Tawny com indicação de idade

Madeira Malmsey, Marsala doce

◆ PROFITEROLES COM SORVETE E CALDA DE CHOCOLATE QUENTE

Riesling Sélection de Grains Nobles da Alsácia, Riesling alemão Auslese ou Beerenauslese, Muscat de Beaumes-de--Venise, Vin de Constance

Espumante demi-sec

◆ PUDIM DE CARAMELO

Tawny com indicação de idade

Riesling ou Gewürztraminer de colheita tardia, Tokaji

◆ PUDIM DE CHOCOLATE

Tawny 10 Anos

Vin Santo toscano, Pineau de Charentes

◆ PUDIM DE COCO

Riesling ou Sémillon de colheita tardia, Sauternes ou assemelhado (Barsac, Monbazillac, Sainte-Croix--du-Mont), Moscatel de Setúbal

◆ PUDIM DE LEITE CONDENSADO

Moscatel de Setúbal, Tokaji ou outro vinho botrytizado

◆ PUDIM DE PÃO

Sauternes ou assemelhado (Barsac, Monbazillac, Sainte-Croix-du-Mont), branco doce do Loire (Bonnezeaux, Coteaux du Layon, Quarts de Chaume), Tokaji

◆ PUDIM DO ABADE DE PRISCOS

Porto Tawny ou Tawny com indicação de idade

Moscatel de Setúbal, Madeira Malmsey

◆ QUINDIM
◆ QUINDÃO
◆ QUEIJADINHA
◆ BOM-BOCADO

Sauternes ou assemelhado (Barsac, Monbazillac, Sainte--Croix-du-Mont), Moscatel de Setúbal

Espumante demi-sec

Porto Tawny ou Tawny com indicação de idade

◆ RABANADA

Porto tinto

Moscatel de Setúbal, Madeira doce, Passito di Pantelleria, Vin Santo toscano, branco doce do Loire (Bonnezeaux, Coteaux du Layon, Quarts de Chaume)

◆ ROCAMBOLE DE GOIABADA OU DE DOCE DE LEITE

Pedro Ximénez

◆ ROCAMBOLE DE LARANJA

Muscat de Beaumes-de-Venise, Muscat de Rivesaltes

◆ SACHERTORTE
(bolo de chocolate, especialidade austríaca)

Banyuls, Maury, Porto Vintage ou LBV

Marsala doce, Vino Santo trentino, Passito di Pantelleria, Riesling Beerenauslese ou Trockenbeerenauslese alemão, Sauternes, Muscat de Beaumes-de-Venise

◆ SACRIPANTINA

Moscato d'Asti, Muscat de Beaumes-de-Venise, Marsala doce

Brachetto d'Acqui

◆ SAGU COM SUCO DE UVA TINTO

Tinto brasileiro frutado, sem madeira (Merlot, Cabernet Franc)

◆ SAINT-HONORÉ

Malvasia delle Lipari, Passito di Pantelleria, Sauternes ou assemelhado (Barsac, Monbazillac, Sainte-Croix--du-Mont), branco doce do Loire (Bonnezeaux, Coteaux du Layon, Quarts de Chaume), Madeira doce

Asti

◆ SEMIFREDDO DE CHOCOLATE OU DE FRUTAS

Moscato d'Asti, Malvasia delle Lipari, Muscat de Beaumes-de-Venise

◆ SONHO COM RECHEIO DE CREME

Gewürztraminer ou Riesling de colheita tardia, Pineau de Charentes branco, Muscat de Frontignan, Moscatel de Setúbal

Moscato rosa do Alto Adige

◆ SORVETE DE CREME OU DE BAUNILHA

Porto branco doce

◆ SORVETES

Moscatel é a variedade mais recomendada: Muscat de Beaumes-de-Venise, Moscatel espanhol, Pedro Ximénez, Malvasia delle Lipari, Vin Santo toscano.

Moscato rosa do Alto Adige

Asti, Moscatel espumante brasileiro

◆ STRUDEL DE MAÇÃ (APFELSTRUDEL)

Riesling Auslese ou Beerenauslese alemão, Gewürztraminer ou Muscat de colheita tardia da Alsácia, branco doce do Loire (Bonnezeaux, Coteaux du Layon, Quarts de Chaume), Vino Santo trentino, Moscato d'Asti, Recioto di Soave, Ramandolo, Albana di Romagna Passito, Picolit, Recioto di Gambellara, Passito di Pantelleria

Moscato rosa do Alto Adige

◆ SUFLÊ DE CHOCOLATE

Porto Ruby, Banyuls, Maury

Madeira doce, Pedro Ximénez, Marsala doce

◆ SUFLÊ DE GRAND MARNIER

Gewürztraminer de colheita tardia, Sauternes, branco doce do Loire (Bonnezeaux, Coteaux du Layon, Quarts de Chaume), Tokaji

◆ SUFLÊ DE GOIABADA COM CATUPIRY DERRETIDO

Sauternes, Vouvray moelleux

◆ SUFLÊ DE LIMÃO

Muscat de Beaumes-de-Venise, Muscat de Rivesaltes, Muscat Vendanges Tardives da Alsácia, Vin de Paille do Jura

Asti

◆ SUFLÊ DE MORANGO

Riesling de colheita tardia, Moscato d'Asti, Sauternes ou assemelhado (Barsac, Monbazillac, Sainte-Croix-du-Mont)

Espumante demi-sec

Espumante demi-sec rosé

◆ SUSPIRO
◆ MERENGUE

Muscat de Riversaltes, Recioto di Soave

Asti, Moscatel espumante brasileiro, espumante demi-sec

◆ TAPIOCA DE COCO COM RECHEIO DE DOCE DE LEITE

Branco de colheita tardia, Sauternes ou assemelhado (Barsac, Monbazillac, Sainte--Croix-du-Mont)

◆ TARTELETE DE FRUTAS

Riesling, Gewürztraminer ou Muscat Vendanges Tardives da Alsácia, Moscato di Pantelleria, Vin Santo toscano, Moscato d'Asti

Espumante demi-sec

Espumante demi-sec rosé

◆ TARTE TATIN
◆ TORTA DE MAÇÃ

Riesling ou Gewürztraminer de colheita tardia, Vouvray moelleux, branco doce do Loire (Bonnezeaux, Coteaux du Layon, Quarts de Chaume), Sauternes ou assemelhado (Barsac, Monbazillac, Sainte--Croix-du-Mont), Muscat de Beaumes-de-Venise

Tawny 10 Anos

Prosecco amabile

◆ TIRAMISÙ

Banyuls, Tawny com indicação de idade

Passito di Pantelleria, Marsala doce, Vin Santo toscano, Muscat de Beaumes-de-Venise, Muscat de Frontignan, Sauternes, branco de colheita tardia

◆ TORTA DE AMEIXA OU DE CEREJA

Banyuls

Gewürztraminer ou Muscat Vendanges Tardives, Muscat de Beaumes-de-Venise, branco doce do Loire (Bonnezeaux, Coteaux du Layon, Quarts de Chaume)

◆ TORTA DE DAMASCO

Jurançon de colheita tardia, Riesling, Gewürztraminer ou Muscat Vendanges Tardives, Muscat de Frontignan, *Condrieu*

Espumante rosé demi-sec

◆ TORTA DE LIMÃO

Muscat de Beaumes-de-Venise, Muscat de Rivesaltes, Icewine canadense, Sauternes jovem, Riesling ou Chenin Blanc de colheita tardia, Moscato d'Asti, Sauvignon Blanc de colheita tardia

◆ TORTA DE MARACUJÁ

Branco doce do Loire (Bonnezeaux, Coteaux du Layon, Quarts de Chaume), Sauvignon Blanc de colheita tardia, Muscat de Beaumes-de-Venise

◆ TORTA DE MORANGO

Banyuls, Maury

Muscat de Frontignan, Moscato d'Asti, Coteaux du Layon

Rosé meiosseco ligeiro: Rosé d'Anjou, Cabernet d'Anjou

Espumante rosé demi-sec

◆ TORTA DE NOZES, PECÃ, AMÊNDOAS OU CASTANHA DO PARÁ

Tawny 10 ou 20 Anos, Brachetto d'Acqui

Sauternes ou assemelhado (Barsac, Monbazillac, Sainte-Croix-du-Mont), Vin Santo toscano, Passito di Pantelleria, Marsala doce, Moscatel de Setúbal, Madeira Malmsey, Jerez Oloroso

◆ TORTA DE QUEIJO

Gewürztraminer de colheita tardia, branco doce do Loire (Bonnezeaux, Coteaux du Layon, Quarts de Chaume)

◆ TORTA DE RUIBARBO
(o ruibarbo é uma planta comestível, originária da Ásia, de talo grosso cor de vinho)

Riesling de colheita tardia da Alsácia, branco de colheita tardia de Sauvignon Blanc ou Chenin Blanc

◆ TORTA DE SANTIAGO
(sobremesa tradicional da Galícia, à base de ovos, manteiga e farinha de amêndoas)

Pedro Ximénez, Moscatel espanhol, Riesling de colheita tardia, Recioto di Soave

Cava brut

◆ TORTA DE SORVETE

Moscato d'Asti, Muscat de Beaumes-de-Venise

Moscatel espumante brasileiro

◆ TORTA FLORESTA NEGRA

Banyuls, Porto Vintage, Zinfandel, Recioto della Valpolicella, *Amarone della Valpolicella*

Riesling Trockenbeerenauslese alemão, Riesling Vendanges Tardives da Alsácia, Marsala doce, Tokaji

◆ TORTA FRIA DE IOGURTE COM COBERTURA DE FRUTAS VERMELHAS

Moscato d'Asti

Asti, Moscatel espumante brasileiro

◆ TORTAS DE FRUTAS EM GERAL

(especialmente as que levam maçã)

Riesling de colheita tardia, branco doce do Loire (Bonnezeaux, Coteaux du Layon, Quarts de Chaume), Recioto di Soave

Espumante rosé

◆ TOUCINHO DO CÉU

Moscatel de Setúbal, Porto Lágrima, Madeira Mamsey, Malvasia delle Lipari, Pedro Ximénez, Moscatel de Málaga, Passito di Pantelleria

◆ TRIFLE

(de origem inglesa, é um pão de ló embebido em Jerez doce, servido numa taça, em camadas com gelatina, frutas frescas e creme de leite)

Brachetto d'Acqui

Moscato d'Asti, Passito di Pantelleria, Jerez doce

◆ VERRINE DE MANGA COM KIWI

(sobremesa servida em copo)

Sauvignon Blanc de colheita tardia, Muscat de Beaumes-de-Venise

Asti, Moscatel espumante brasileiro

◆ WAFFLE COM COBERTURA DE MEL, DAMASCO OU MORANGO

Muscat de Frontignan, Pineau de Charentes branco, branco doce do Loire (Bonnezeaux, Coteaux du Layon, Quarts de Chaume), Icewine canadense, Moscatel de Málaga

Vouvray Pétillant

◆ ZABAIONE

Marsala doce, Moscato di Noto, Passito di Pantelleria, Moscato d'Asti, Jerez doce

Asti, espumante demi-sec

Sopas

De um modo geral, as sopas se entendem melhor com vinhos brancos tipo Chablis, Pinot Grigio, Albariño, Chardonnay sem madeira, Sauvignon Blanc, Soave – exceto um minestrone, as sopas que levam feijão ou carnes, que preferem os tintos. Quanto mais cremosas, mais encorpado deve ser o vinho, o que vale especialmente para os cremes de couve-flor, milho, funghi e outros do gênero.

◆ AÇORDA À ALENTEJANA
(leva coentro, alho, pão e ovos)

🍷 **Branco alentejano de Fernão Pires e Arinto**

◆ BAMBÁ DE COUVE
(prato típico de Minas Gerais, leva couve, fubá, linguiça, costelinha de porco)

🍷 **Rioja Crianza, Malbec argentino, tinto português do Alentejo**

◆ BATATA DOCE

🍷 **Riesling seco ou meiosseco,** Vouvray moelleux

◆ BISQUE DE CAMARÃO, LAGOSTA, LAGOSTIM OU CARANGUEJO

🍷 **Gewürztraminer, branco de boa estrutura (Chardonnay da Borgonha, Chablis), Amontillado, Pinot Gris da Alsácia, Viognier**

🍷 **Rosé da Provence**

◆ BORSCH
(sopa de beterraba, típica de países do Leste Europeu)

🍷 Difícil, mas tente um rosé meiosseco de médio corpo

🍷 Pinot Noir é outra opção

◆ BOUILLABAISSE
◆ LEÃO VELOSO
◆ SOPA DE FRUTOS DO MAR
◆ SOPA DE PEIXE

🍷 **Riesling, Grüner Veltliner, Manzanilla, branco do sul da França, Pinot Gris/Pinot Grigio ligeiramente barricado, Verdicchio dei Castelli di Jesi, Bianco di Custoza, Chardonnay do norte da Itália, Chenin Blanc,** Picpoul de Pinet

🍷 **Rosé da Provence, rosé de Tavel, rosé da Rioja, rosé frutado e elegante**

🍷 Beaujolais nouveau, Chianti

◆ CALDO DE MOCOTÓ

🍷 **Tinto brasileiro com boa acidez, Touriga Nacional ou Tinta Roriz do Douro**

🍷 **Chardonnay com pouca madeira,** Sauvignon Blanc

◆ CALDO DE PEIXE

🍷 **Riesling seco, Grüner Veltliner, Alvarinho, Arinto**

◆ CALDO VERDE

🍷 **Vinho Verde tinto (harmonização clássica em Portugal), tinto frutado do Alentejo**

🍷 **Chardonnay barricado, branco da Bairrada**

◆ CANJA DE GALINHA

🍷 **Tinto do Douro ou do Alentejo, Merlot ou Cabernet brasileiro, Côtes du Rhône, Chianti**

◆ CAPELLETTI (TORTELLINI) IN BRODO

Tinto de médio corpo e boa acidez: Sangiovese di Romagna, Barbera d'Alba, Chianti Clássico, Merlot brasileiro

Trebbiano di Romagna, Verdicchio dei Castelli di Jesi, Gavi, Chardonnay do Trentino, Albana di Romagna seco

Salice Salentino rosato

Lambrusco

◆ CAVOLO NERO E FAGIOLI

(sopa de inverno da Toscana, com repolho e feijão)

Chianti jovem

◆ CEBOLA

Aligoté, Chasselas, branco da Alsácia (Gewürztraminer, Pinot Blanc, Sylvaner), Sancerre ou outro Sauvignon Blanc, Friulano, Jerez Fino

Cru de Beaujolais (Morgon, Fleurie), Bordeaux tinto

◆ CONSOMÉ

Jerez fino, Manzanilla, Amontillado, Sauvignon Blanc chileno ou da Nova Zelândia, Madeira Sercial, Pinot Grigio, Verdicchio dei Castelli di Jesi, Chardonnay fresco

Salice Salentino Rosato

◆ CREME DE ABÓBORA

Chardonnay sem madeira, Viognier, Vouvray moelleux

◆ CREME DE ABÓBORA COM GENGIBRE

Gewürztraminer meiodoce, Vouvray moelleux, Orvieto abboccato

◆ CREME DE ASPARGOS

Pinot Blanc ou Muscat da Alsácia, Grüner Veltliner, Bianco dei Colli Euganei, Sauvignon Blanc, Pouilly-Fuissé, Mâcon branco, Crozes-Hermitage branco, Chardonnay com pouca madeira

◆ CREME DE BRÓCOLIS

Sauvignon Blanc, Verdejo, Torrontés

◆ CREME DE CENOURA

Pinot Bianco, Gavi, Viognier, Chardonnay

Salice Salentino Rosato

◆ CREME DE CENOURA COM GENGIBRE

Gewürztraminer

◆ CREME DE COGUMELOS

Merlot, Pinot Noir, Refosco dal Peduncolo Rosso, Ghemme, Gattinara

Chardonnay ligeiramente

barricado, Verdicchio dei Castelli di Jesi, Gavi

Espumante método clássico

◆ CREME DE COUVE-FLOR

Chardonnay com pouca madeira, Pinot Grigio, Soave, Viognier, Chenin Blanc, Côtes du Rhône branco, Pinot Blanc da Alsácia

◆ CREME DE ERVILHA

Tinto leve ou de médio corpo (Dolcetto, Valpolicella, Côtes du Rhône, Beaujolais, a maioria dos brasileiros)

Sauvignon Blanc barricado, Chardonnay levemente barricado

◆ CREME DE ESPINAFRE OU DE AGRIÃO

Soave, Bianco di Custoza, Frascati, Pinot Grigio

◆ CREME DE FRANGO COM CURRY

Gewürztraminer, Riesling meiosseco

◆ CREME DE FUNGHI PORCINI

Lagrein, Cabernet do Trentino, Sangiovese di Romagna, Primitivo, Pinot Nero/Pinot Noir

Sauvignon do Collio, Chablis ou Chardonnay com pouca madeira

◆ CREME DE LEGUMES

Gavi, Pinot Grigio, Soave, Orvieto, Frascati, Est! Est!! Est!!!, Chablis, Chardonnay sem madeira, Chenin Blanc, Pinot Blanc

Salice Salentino Rosato

◆ CREME DE MEXILHÕES

Riesling da Alsácia, Chablis, Soave, Gavi

◆ CREME DE MILHO

Chardonnay ou Sémillon levemente barricado

◆ CREME DE PALMITO

Chardonnay sem madeira, Pinot Grigio

Rosé de Provence

◆ CREME DE TOMATE

Tinto leve ou de médio corpo: Valpolicella, Sangiovese di Romagna, Rioja jovem

Sancerre, Sauvignon Blanc em geral, Albariño, Manzanilla

Rosé de Tavel

◆ CREME DE VERDURAS

Chablis

Prosecco

◆ GARBURE

(sopa da Gasconha, com carnes e vegetais, principalmente repolho)

Malbec francês de Cahors

◆ GASPACHO
◆ SALMOREJO

Jerez fino, Manzanilla, Sauvignon chileno ou da Nova Zelândia, Rioja branco, Aligoté, Verdejo, Soave, Porto branco jovem e seco

Rosé de Tavel, rosé da Provence, Bordeaux rosé

Sangiovese

◆ GRÃO DE BICO

Côtes du Rhône, Sangiovese, Barbera d'Asti, Refosco dal Peduncolo Rosso, Chianti Classico

◆ LENTILHA

Petit Verdot, Chianti Classico

◆ MINESTRONE
◆ SOPA DE LEGUMES

Sangiovese, Bonarda, Barbera d'Asti, Chianti, Montepulciano d'Abruzzo, Pinotage

Soave, Trebbiano d'Abruzzo, Côtes du Rhône branco

◆ PASTA E FAGIOLI

(sopa italiana de massa e feijão)

Tinto de médio corpo e boa acidez: Chianti Rufina, Rosso di Montepulciano, Cabernet Franc do nordeste da Itália, Merlot do Friuli, Lagrein, Valpolicella, Morellino di Scansano

◆ PAVESA

(típica da Lombardia, leva pão, manteiga, ovos, Grana padano e caldo de carne)

Pinot Grigio ou Riesling dell'Oltrepò Pavese, Gavi

◆ PUCHERO

(uma espécie de cozido em que entram carnes e legumes diversos)

Malbec, Bonarda ou Cabernet Sauvignon argentino

◆ RIBOLLITA

(sopa de feijão e legumes, típica da Toscana)

Tinto leve ou de médio corpo: Valpolicella, Chianti jovem, Sangiovese, Tempranillo espanhol jovem, tinto do Languedoc-Roussillon

◆ SOPAS FRIAS

Albariño

◆ VICHYSSOISE

Aligoté, Pinot Blanc ou Pinot Gris da Alsácia, Vin de Pays des Côtes de Gascogne, Gewürztraminer seco, Viognier, Vouvray seco, Saint-Chinian branco, Bouzeron, Côtes du Rhône branco, Chardonnay sem madeira, Riesling seco alemão, Pinot Grigio

DICAS PARA NÃO ERRAR NUNCA

Um só vinho numa refeição de peixe e carne: **Pinot Noir**

Tinto para pratos com acidez: **Pinot Noir**

Pratos de frango de todo tipo: **Pinot Noir**

Pratos de peixe e frutos do mar: **Sauvignon Blanc**

Ervas aromáticas: **combinam muito com tinto de Castelão**

Um só vinho para um prato com diversos queijos: **Merlot**

Um só vinho para canapés: **espumante brut**

Um vinho para churrasco: **Malbec argentino**

Vinho para todo tipo de pizza: **Chianti**

Um vinho-coringa para sobremesa: **Moscatel de Setúbal**

Um vinho macio e fácil de beber para dar de presente: **Merlot**

PRATO QUE LEVE...	PENSE EM...
Abóbora	Gewürztraminer
Aceto balsâmico	Entende-se bem com Amarone e com Barbera d'Alba
Alecrim ou tomilho	Combinam admiravelmente com Cabernet Sauvignon e Petit Verdot
Alho	Barbera, Manzanilla
Azeitonas	Barbera
Carnes ensopadas ou grelhadas com especiarias	Syrah
Coentro	Sauvignon Blanc
Cogumelos	Tempranillo
Comida fusion	Viognier
Cordeiro	Cabernet Sauvignon, Tempranillo
Curry	Jerez Fino, Château-Chalon, Gewürztraminer
Gengibre	Gewürztraminer
Hortelã	Sauvignon Blanc
Leite de coco	Gewürztraminer
Maçã	Chenin Blanc
Manjericão	Sauvignon Blanc
Pimenta	Manzanilla
Queijo de cabra	Sauvignon Blanc
Rúcula	Sauvignon Blanc
Tomate	Sangiovese, Barbera, Sauvignon Blanc
Vinagre	Se for preciso escolher um vinho, que seja um Manzanilla

SUGESTÕES DE CARDÁPIOS HARMONIZADOS

CARDÁPIO 1

Coroa de berinjelas grelhadas recheada com cereais e queijo de cabra

Vinho: Fiuza Sauvignon Blanc, Fiuza & Bright (Tejo, Portugal)

Pequena lasanha de mousse de bacalhau e batata, pesto de azeitonas

Vinho: Castelli del Duca Gutturnio Riserva, Medici Ermete (Emilia-Romagna, Itália)

Canela de cordeiro abafada servida com o próprio molho, em leito de polenta de farinha de tucupi e aipo

Vinho: Rawsons's Retreat, Penfolds (Austrália)

Fatia de pannetone tostado servida com mousse de abóbora e calda de amêndoas

Vinho: Alambre Moscatel de Setúbal, José Maria da Fonseca (Península de Setúbal, Portugal)

CARDÁPIO 2

Espuma de ervilhas com mousse de queijo e pancetta crocante

Vinho: Pancas branco, Quinta de Pancas (Lisboa, Portugal)

Raviólis de champignons salteados com alho-poró e lentilhas francesa

Vinho: Diamond Shiraz/Cabernet, Rosemount (Austrália)

Massa folhada coberta com cebolas confitadas ao vinho tinto, vitelo de leite, shimeji e batata "Robuchon"

Vinho: Primitivo di Manduria, Masseria Trajone (Puglia, Itália)

Rabanada ao Porto com rosácea de maçãs carameladas

Vinho: Porto Tawny Fonseca (Douro, Portugal)

Os cardápios 1 e 2 são do Restaurante Locanda della Mimosa, em Petrópolis/RJ, e foram criados e executados pelo chef Danio Braga.

CARDÁPIO 3

Boas-vindas: grissinis de alecrim e parmesão

Vinhos: Attitude Sauvignon Blanc, Pascal Jolivet (Vale do Loire, França) e Rhinofields Sauvignon Blanc (Durbanville, África do Sul)

Linguado, caponata de legumes e beurre blanc

Vinhos: Petit Chablis Pas si Petit, La Chablisienne (Borgonha, França) e 1865 Single Vineyard Chardonnay, Viña San Pedro (Vale do Maipo, Chile)

Folhado de pato com cogumelos

Vinhos: Pinot Noir Olivier Leflaive (Borgonha, França) e Pinot Noir Robert Mondavi (Califórnia, EUA)

Fettucine fresco com ragu de javali, molho de vinho tinto

Vinhos: Saint-Joseph, E. Guigal (Rhône, França) e Koonunga Hill Syrah, Penfolds (Austrália)

O cardápio acima foi executado pelo chef Christiano Ramalho, do Lorenzo Bistrô, no Rio de Janeiro, no evento "O Novo Mundo desafia a França", com dois vinhos para cada prato.

CARDÁPIO 4

Boas-vindas

Vinho aperitivo: Cava Planas Albareda Brut Nature (Espanha)

Couvert da casa (pães, manteiga, berinjela, patê, azeitonas, carpaccio de carne)

Vinho: Antignano Pinot Grigio (Umbria, Itália)

Linguine alla boscaiola (massa linguine com mix de cogumelos e linguiça Blumenau)

Vinho: Feudo di Santa Croce Megale (Puglia, Itália)

Spalla di agnello alla piemontese (paleta de cordeiro guisada à moda do Piemonte, com polenta cremosa)

Vinho: Poggio ai Santi Montepulciano d'Abruzzo (Abruzzo, Itália)

O jantar acima foi realizado no restaurante Fratelli, no Rio de Janeiro, com pratos criados pelo chef Dino Pisellini.

CARDÁPIO 5

Carpaccio de salmão (salmão fresco marinado em sal grosso, limão e erva doce com creme de leite)

Vinho: Espumante Chandon Excellence Brut (Serra Gaúcha, Brasil)

Ravióli com recheio de escargots e juliana de legumes em molho de manteiga com alho dourado, salsinha e um toque de anis

Vinho: Château de Marsannay (Borgonha, França)

Codorna desossada recheada com cogumelos mistos e figo, envolta em acelga e assada. Acompanha risoto de açafrão e figo fresco assado

Vinho: Rosso Piceno Vigna Piediprato, Saladini Pilastri (Marche, Itália)

Suflê de chocolate

Vinho: Banyuls M. Chapoutier (Languedoc-Roussillon, França)

CARDÁPIO 6

Canapés de queijo de cabra fresco gratinado

Vinho: Jackson Sauvignon Blanc (Marlborough, Nova Zelândia)

Sopa cremosa de cogumelos mistos (porcini, shiitake e champigons frescos)

Vinho: Dolceto d'Alba, Renato Ratti (Piemonte, Itália)

Costeleta de cordeiro grelhada, molho com curry. Acompanha cuscuz com legumes

Vinho: Rosemount Shiraz/Cabernet (Nova Gales do Sul, Austrália)

Massa folhada recheada com creme de amêndoas amargas

Vinho: Alambre Moscatel de Setúbal, José Maria da Fonseca (Península de Setúbal, Portugal)

Os cardápios de 5 a 11 são do Ristorante Torninha, em Niterói/RJ, e foram executados pelo chef Ronaldo Duncan.

CARDÁPIO 7

Quiche de queijo Brie, alho-poró e pimenta rosa

Vinho: Gewürztraminer Les Princes Abbés, Schlumberger (Alsácia, França)

Tagliatelle com lagosta flambada em Calvados, molho de tomate perfumado com manjericão

Vinho: Savennières Clos du Papillon, Domaine Baumard (Vale do Loire, França)

Galinha d'angola em molho de vinho tinto com minicebolas, bacon e champignons frescos. Acompanha risoto com um toque de queijo Brie

Vinho: Pinot Noir Gran Reserva, Humberto Canale (Patagônia, Argentina)

Manjar de coco com calda de ameixas e amendoim

Vinho: 5 Years Old Malmsey Rich, Blandy's (Madeira, Portugal)

CARDÁPIO 8

Salada de caranguejo real (king crab) com brotos de vegetais, temperada com vinagrete de limão siciliano

Vinho: H.M.S. Sphynx Chardonnay, Steenberg (Constantia, África do Sul)

Ravióli recheado com coxa de pato guisada em molho de laranja

Vinho: Chinon Les Petites Roches, Domaine Charles Joguet (Vale do Loire, França)

Fatias de pernil de javali assado, servidas no próprio molho perfumado com limão. Acompanha batatas coradas salteadas com tomatinho cereja

Vinho: Nebbiolo d'Alba Valmaggiore, Luciano Sandrone (Piemonte, Itália)

Torta recheada com nozes e pistache, acompanha sorvete de frutas vermelhas

Vinho: Moscatel M.R. Málaga, Telmo Rodriguez (Málaga, Espanha)

CARDÁPIO 9

(Pinot Noir)

Escargots com molho cremoso em cestinha de massa folhada

Vinho: Amayna Pinot Noir, Viña Garcés Silva (Vale de Leyda, Chile)

Risoto misto de arroz arbóreo, cevadinha e arroz selvagem com polvo e lula refogados

Vinho: Cellar Selection Pinot Noir, Sileni Estate (Hawke's Bay, Nova Zelândia)

Codorna desossada recheada com cogumelos mistos, verduras e figo, envolta em acelga e assada. Acompanha champignons e bastões de batata e de cenoura salteados

Vinho: Savigny-lès-Beaune, Domaine Pavelot (Borgonha, França)

Torta de limão siciliano com creme inglês

Vinho: Sauvignon Blanc Late Harvest, Viña Echeverria (Vale de Curicó, Chile)

CARDÁPIO 10

(Espumantes)

Salada com folhas, favas, lulas, lagostins e camarões temperada com suave vinagrete de laranja perfumado com anis e gengibre

Vinho: Prosecco de Valdobbiadene Rustico, Nino Franco (Veneto, Itália)

Linguine com mariscos e vôngoles em molho de vinho branco com cubinhos de tomate, alho e pimenta do reino

Vinho: Cava Codorníu Classico Brut (Penedès, Espanha)

Filé de pargo e medalha de cavaquinha em molho de vinho tinto. Acompanha purê de batata baroa

Vinho: Champanhe Duval-Leroy Brut Rosé (França)

Torta recheada com ricota, milho branco e frutas cristalizadas, servida com crème anglaise

Vinho: Chandon Passion (Serra Gaúcha, Brasil)

CARDÁPIO 11

(Tapas)

Jamón Serrado crudo (presunto cru espanhol tipo Serrano com torrada) e Tostadas com aceitunas, tomates y anchoas (torradas cobertas com azeitona, tomates e anchova)

Vinho: Manzanilla Classico, Hidalgo (Jerez, Espanha)

Tortillas de patatas e chalotes (fritada de ovo com batata e cebola) e Bollitos de queso com espinacas y salmón ahumado (bolinhos fofos de queijo recheados com espinafre e salmão defumado)

Vinho: Gran Feudo Rosado, Julián Chivite (Navarra, Espanha)

Pintxo de bacalao (lascas de lombo de bacalhau empanadas com cebolinha verde) e Chuletas de cerdo com salsa agridulce (costelinhas de porco assadas com molho agridoce)

Vinho: tinto Corona, Miguel Torres (Penedès, Espanha)

CARDÁPIO 12

(do filme "A festa de Babete")

Soupe de Tortue Géante (sopa de tartaruga gigante)

Vinho: Amontillado (Jerez, Espanha)

Blinis Demidoff au Caviar (creme azedo e caviar, se possível Beluga)

Vinho: Champanhe Veuve Clicquot (Champagne, França)

Cailles en Sarcophage avec Sauce Perigourdine (codornas recheadas com trufas e foie gras)

Vinho: Clos-Vougeot (Borgonha, França)

Salade de crudités (salada de folhas e legumes)

Les fromages (queijos curados variados)

Baba au rhum avec les figues (bolo embebido em calda de rum com figos)

Fruits frais (frutas frescas variadas)

Os últimos quatro pratos não foram acompanhados por vinhos.

CARDÁPIO 13

(Um jantar caprichado em casa)

Antepastos (abobrinha e berinjela grelhadas, tomate seco, muçarela de búfala) com pão italiano

Vinho: Rosé seco ligeiro

Pernil de cordeiro com legumes salteados

Vinho: Cabernet Sauvignon

Morangos com creme chantilly

Vinho: Espumante demi-sec brasileiro

CARDÁPIO 14

(Um jantar bem informal)

Salada caprese

Vinho: Chardonnay sem madeira

Bife à rolé com espaguete puxado na manteiga

Vinho: Merlot brasileiro ou chileno

Pudim de leite

Vinho: Moscatel de Setúbal

CARDÁPIO 15

(Almoço de domingo com a família)

Pastinhas de atum e de gorgonzola servidas na torrada

Vinho: Espumante brut brasileiro

Salada de palmito com alface, tomate, cebola, azeitona verde e ovo cozido

Vinho: Sauvignon Blanc chileno

Pernil de porco assado com pequenas cebolas, batatas coradas, farofa e arroz branco

Vinho: Chianti

Mousse de chocolate

Vinho: Porto Tawny

ANEXO 1

VARIEDADES BRANCAS CITADAS

Alemanha: Müller-Thurgau, Riesling

Áustria: Grüner Veltliner

Espanha: Albariño, Moscatel, Palomino, Pedro Ximénez, Verdejo

França: Aligoté, Chardonnay, Chenin Blanc, Gewürztraminer, Grenache, Marsanne, Muscadet, Muscat, Picpoul, Pinot Blanc, Pinot Gris, Roussane, Sauvignon Blanc, Savagnin, Sylvaner, Viognier

Grécia: Assyrtiko

Hungria: Furmint

Itália: Arneis, Cortese, Fiano, Friulano, Greco, Grillo, Inzolia, Malvasia, Moscato, Pinot Bianco, Pinot Grigio, Ribolla Gialla, Riesling Itálico, Trebbiano, Verdicchio, Verduzzo, Vermentino, Vernaccia

Portugal: Alvarinho, Antão Vaz, Arinto, Bical, Boal, Encruzado, Fernão Pires (Maria Gomes), Loureiro, Malvasia, Moscatel de Setúbal, Sercial, Verdelho

Suíça: Chasselas

ANEXO 2

VARIEDADES TINTAS CITADAS

África do Sul: Pinotage

Argentina: Malbec

Chile: Carmenère

Espanha: Garnacha, Monastrell (Mourvèdre), Tempranillo

Estados Unidos: Petite Sirah (Durif), Zinfandel

França: Cabernet Franc, Cabernet Sauvignon, Carignan, Cinsault, Gamay, Grenache, Malbec, Marselan, Merlot, Petit Verdot, Pinot Noir, Syrah, Tannat

Grécia: Agiorgitiko, Xinomavro

Itália: Aglianico, Ancelotta, Barbera, Bonarda, Cannonau, Corvina, Dolcetto, Grignolino, Lagrein, Lambrusco, Marzemino, Nebbiolo, Negroamaro, Nero d'Avola, Primitivo, Refosco, Sagrantino, Sangiovese, Teroldego

Portugal: Alicante Bouschet, Aragonês/Tinta Roriz (Tempranillo), Baga, Castelão (Periquita), Touriga Nacional, Trincadeira

ANEXO 3

TIPOLOGIA DE ESPUMANTES E DE VINHOS BRANCOS, ROSÉS E TINTOS QUANTO AOS AROMAS E AO CORPO

ESPUMANTES E FRISANTES

Vão desde os mais delicados (Prosecco, Vouvray Pétillant) até os mais estruturados (Champanhe blanc de noirs, Franciacorta); desde os mais secos (Champanhe nature) até os doces (Asti, Moscatel espumante brasileiro)

Asti
Blanquette de Limoux méthode ancestrale
Brasil
Cava (brut, extra brut, nature)
Champanhe (brut, extra brut, nature)
Champanhe blanc de blancs
Champanhe blanc de noirs
Clairette de Die méthode ancestrale
Crémant da Alsácia
Crémant da Bourgonha
Crémant do Loire
Franciacorta
Lambrusco
Lambrusco amabile
Moscatel espumante brasileiro
Prosecco
Prosecco amabile
Prosecco extra dry
Prosecco Superiore di Cartizze
Trentino
Vouvray Pétillant

ESPUMANTES ROSÉS

O estilo varia dos mais secos aos meiossecos, e dos leves aos de médio corpo

CHAMPANHE ROSÉ

Varia dos mais ligeiros aos encorpados

BRANCOS AROMÁTICOS

Alvarinho/Albariño
Antão Vaz
Château-Chalon
Colli di Parma Sauvignon Blanc
Fernão Pires
Fumé blanc
Gewürztraminer da Alsácia
Gewürztraminer do Alto Adige
Gewürztraminer Grand Cru
Grüner Veltliner
Jerez Amontillado
Jerez Fino
Jerez Oloroso
Malvasia
Manzanilla
Moscatel/Moscato/Muscat
Palo Cortado
Pinot Gris
Pouilly-Fumé
Riesling
Riesling Auslese
Riesling Beerenauslese
Riesling Kabinett
Riesling Spätlese
Riesling Trockenbeerenauslese
Sauvignon Blanc
Torrontés

BRANCOS MEDIANAMENTE AROMÁTICOS

Alcamo
Aligoté
Anjou
Arbois
Arinto
Arneis
Bandol
Bairrada
Bellet
Bianco dei Colli Euganei

Bianco di Custoza
Bical
Bordeaux
Bouzeron
Bucelas
Castelli Romani
Chablis
Chablis Premier Cru
Chardonnay
Chassagne-Montrachet
Chasselas
Chenin Blanc
Cinque Terre
Colares
Collioure
Condrieu
Corbières
Costières de Nîmes
Coteaux du Languedoc
Côtes de Provence
Côtes du Rhône
Encruzado
Entre-Deux-Mers
Est! Est!! Est!!!
Etna
Falanghina
Fendant
Fiano di Avellino
Frascati
Frascati Superiore
Friulano
Furmint
Gavi
Gavi di Gavi
Givry
Greco di Tufo
Grenache
Grillo
Ischia
Inzolia
Lugana
Mâcon
Malvasia del Collio
Marsanne
Montagny
Müller-Thurgau
Muscadet
Muscadet sur lie
Orvieto
Pacherenc du Vic-Bilh
Palette
Penedès
Picpoul de Pinet
Pinot Blanc/Pinot Bianco
Pinot Grigio
Pouilly-Fuissé
Retsina
Rhône
Ribolla Gialla
Riesling Italico
Rioja
Riviera Ligure di Ponente Pigato
Riviera Ligure di Ponente Vermentino
Roussane
Rully
Saint-Chinian
Saint-Joseph
Saint-Véran
Sancerre
Savennières
Savennières Coulée de Serrant
Savoia
Sémillon
Sercial
Soave
Sylvaner da Alsácia
Sylvaner do Alto Adige
Trebbiano d'Abruzzo
Trebbiano di Romagna
Vacqueyras
Verdejo
Verdelho
Verdicchio dei Castelli di Jesi
Verdicchio di Matelica
Verduzzo
Vermentino dei Colli di Luni
Vermentino di Gallura
Vermentino di Sardegna
Vernaccia di Oristano
Vernaccia di San Gimignano
Vin de Pays des Côtes de Gascogne
Vinho Verde

Viura
Vouvray

BRANCOS DE BOM CORPO

Bâtard-Montrachet
Chablis Grand Cru
Château-Chalon
Château-Grillet
Châteauneuf-du-Pape
Chevalier-Montrachet
Condrieu
Corton-Charlemagne
Graves
Hermitage
Madeira Boal
Madeira Sercial
Madeira Verdelho
Marsala
Meursault
Montrachet
Pinot Gris da Alsácia
Porto seco
Porto extra seco
Puligny-Montrachet
Savagnin do Jura

BRANCOS DOCES

Albana di Romagna Passito
Alemães Auslese, Spätlese, Beerenauslese e Trockenbeerenauslese
Asti
Barsac
Bonnezeaux
Cannellino di Frascati
Champanhes e espumantes demi--sec
Coteaux du Layon
Cream Sherry
Gewürztraminer Vendanges Tardives da Alsácia
Icewine canadense
Jurançon moelleux
Late Harvest
Madeira Boal
Madeira Malmsey
Malvasia delle Lipari
Malvasia di Bosa
Marsala doce
Monbazillac
Moscatel de Málaga
Moscatel de Navarra
Moscatel de Setúbal
Moscato d'Asti
Moscato di Noto
Moscato di Pantelleria
Moscato di Sorso-Sennori
Muscat de Beaumes-de-Venise
Muscat de Frontignan
Muscat de Rivesaltes
Muscat Vendanges Tardives da Alsácia
Orvieto abbocatto
Pacherenc du Vic-Bilh doce
Passito di Noto
Passito di Pantelleria
Pedro Ximénez
Picolit
Pineau de Charentes
Porto
Porto Lágrima
Quarts de Chaume
Ramandolo
Recioto di Gambellara
Recioto di Soave
Riesling Spätlese
Riesling Vendanges Tardives da Alsácia
Sainte-Croix-du-Mont
Sauternes
SGN (Sélection de Grains Nobles) (Gewürztraminer, Muscat, Pinot Gris, Riesling)
Sauvignon Blanc de colheita tardia
Tokaji
Tokaji
Torcolato
Vin de Constance
Vin de Paille do Jura (Côtes du Jura, L'Etoile)
Vin Santo toscano
Vino Santo trentino
Vouvray moelleux

ROSÉS SECOS LIGEIROS

Rosados da Provence
Rosados da Borgonha (feitos de Pinot Noir)
Rosados do Loire
Bardolino Chiaretto

ROSÉS MEIOSSECOS LIGEIROS

Alguns rosados do Loire (tipo Rosé d'Anjou, Cabernet d'Anjou)
Rosados tradicionais portugueses (tipo Mateus rosé)

ROSÉS SECOS DE MÉDIO CORPO

Sul da França (Tavel, Lirac, Languedoc-Roussillon)
Espanhóis da Rioja e Navarra
Rosados italianos da Puglia (Salice Salentino)

ROSÉS MEIOSSECOS DE MÉDIO CORPO (CONHECIDOS COMO BLUSH)

White Zinfandel
Zinfandel espumante

ROSÉS FRUTADOS E ELEGANTES

Rosados de Bordeaux feitos com Merlot
Rosados de categoria superior da Provence (Bandol, Palette)

ROSÉS FRUTADOS DE BOM CORPO

Chilenos, californianos e australianos de Syrah e de Cabernet Sauvignon

A classificação dos rosés é da inglesa Fiona Beckett

TINTOS LIGEIROS

Bardolino
Beaujolais nouveau
Beaujolais-Villages
Bonarda dell'Oltrepò Pavese
Bouzy
Cesanese di Olevano
Dolcetto d'Asti
Freisa
Gamay
Grignolino
Valpolicella

TINTOS DE MÉDIO CORPO

Agiorgitiko
A maioria dos tintos brasileiros
Alentejo
Alicante Bouschet
Ancellotta
Anjou
Bandol
Barbera d'Alba
Barbera d'Asti
Bergerac
Bolgheri
Bonarda argentino
Bordeaux genérico
Bordeaux Supérieur
Borgonha
Bourgueil
Brouilly
Cabernet Franc
Cannonau di Sardegna
Canon-Fronsac
Carignan
Carignano del Sulcis
Carmenère
Cassis
Castelão (Periquita)
Cesanese di Olevano
Chambolle-Musigny
Chénas
Chianti
Chianti Rufina
Chinon

Chiroubles
Cinsault
Cirò
Cirò Rosso Classico
Corbières
Cornas
Costière-de-Nîmes
Coteaux d'Aix-en-Provence
Coteaux du Languedoc
Côte de Beaune
Côte de Nuits
Côtes de Provence
Côtes du Rhône
Côtes du Rhône Villages
Côtes du Roussillon
Crozes-Hermitage
Crus de Beaujolais
Dão
Dolcetto d'Alba
Dolcetto di Dogliani
Etna Rosso
Fitou
Fixin
Fleurie
Gaillac
Grenache
Gutturnio
Juliénas
Lagrein
Lirac
Malbec argentino
Malvasia Nera
Marselan
Marzemino
Mercurey
Merlot
Merlot del Collio
Minervois
Monastrell/Mourvèdre
Montepulciano d'Abruzzo
Morellino di Scansano
Morey-Saint-Denis
Morgon
Moulin-à-Vent
Mourvèdre
Müller-Thurgau
Müller-Thurgau do Alto Adige
Nebbiolo d'Alba
Negroamaro
Nero d'Avola
Nuits-Saint-Georges
Palette
Palmela
Petite Sirah
Pineau d'Aunis
Pinot Noir da Alsácia
Pinot Nero del'Alto Adige
Pinot Noir
Pinot Noir da Savoia
Pinotage
Primitivo di Manduria
Refosco dal Peduncolo Rosso
Rioja
Roero Arneis
Rosso Cònero
Rosso Cònero Riserva
Rosso di Montalcino
Rosso di Montepulciano
Rosso Piceno
Rully
Saint-Joseph
Salice Salentino
Sancerre
Sangiovese di Romagna
Santenay
Saumur-Champigny
Savigny-lès-Beaune
Savoia
Tavel
Teroldego
(Muitos) Tintos do Douro
Tintos do Alentejo
Torgiano
Touraine
Vacqueyras
Valpolicella Ripasso
Velletri
Volnay
Xinomavro

TINTOS ENCORPADOS

A maioria dos supertoscanos
Aglianico del Vulture
Amarone della Valpolicella
Bairrada
Barbaresco
Barolo
Bordeaux (crus classés)
Brunello di Montalcino
Cabernet Sauvignon australiano
Cabernet Sauvignon californiano
Carmignano
Chambertin
Château Musar
Châteauneuf-du-Pape
Chianti Classico
Clos de Vougeot
Côte-Rôtie
Echézeaux
Gattinara
Gevrey-Chambertin
Ghemme
Gigondas
Graves
Hermitage
Madiran
Malbec de Cahors
Petit Verdot
Petite Syrah
Pommard
Pomerol
Priorato
Ribera del Duero
Sagrantino di Montefalco
Saint-Emilion
Syrah
Tannat
Taurasi
Tintos de Baga
(Alguns) Tintos do Douro
Torgiano Rosso Riserva
Vino Nobile di Montepulciano
Zinfandel californiano

TINTOS DOCES

Banyuls
Brachetto d'Acqui
Lambrusco amabile
Maury
Moscatel tinto
Muscat de Rivesaltes
Pineau de Charentes
Porto Colheita
Porto LBV
Porto Ruby
Porto Tawny
Porto Vintage
Rasteau
Recioto della Valpolicella
Tawny com indicação de idade (10, 20, 30 ou mais de 40 anos)

BIBLIOGRAFIA

- AGUIAR, Miriam. **A Qualidade no Consumo do Vinho.** Senac São Paulo, São Paulo, 2015
- ALGRANTI, Marcia. **Cozinha para Homens e Mulheres que Gostam de seus Homens.** Imago, Rio de Janeiro, 1993
- ALVES, Mauro Marcelo. **Vinhos: a Arte da França, a Viticultura no Brasil.** DBA Artes Gráficas, São Paulo, 1995
- AMARANTE, José Osvaldo Albano do. **Queijos do Brasil e do Mundo para Iniciantes e Apreciadores.** Mescla, São Paulo, 2015
- ALZER, Celio. **Como Receber com Queijos e Vinhos.** Apostila ABS Rio
- ALZER, Celio e BRAGA, Danio. **Falando de Vinhos.** Senac Rio, Rio de Janeiro, 2003)
- ASSOCIAZIONE ITALIANA SOMMELIERS. **Il Vino Italiano – Panorama Vitivinicolo attraverso Le Denominazione di Origine.** Bertani & C., Milano, 2003
- BAZZAR. Apostila **Guia de Harmonização de Pratos e Vinhos**
- BORGES, Euclides Penedo. **Harmonização: O Livro Definitivo do Casamento do Vinho com a Comida.** Mauad, Rio de Janeiro, 2007
- BOURGIGNON, Philippe. **L'Accord Parfait des Vins et des Mets.** Editions du Chêne, Paris, 2001
- CASTELLARI, M. e PAIELLI, C. **Il Bianco e Il Rosso – Guida al Abbinamenti fra Cibo e Vino.** Edagricole, Bologna, 2005
- CERNILLI, Daniele. **Il Vino: 3/Gli Abbinamenti.** Gambero Rosso Editore, Roma, 2001
- COPELLO, Marcelo. **Os Sabores do Douro e do Minho.** Senac São Paulo, São Paulo, 2008
- DELPAL, Jacques-Louis. **Comment Marier les Mets et les Vins.** Artémis, 2004
- ENGELMANN, Brigitte e HOLLER, Peter. **Manual del Gourmet del Queso.** H.F.Ullmann, Potsdam, 2008
- GASNIER, Vincent. **O Livro do Vinho - Tudo que Você Precisa Saber para Escolher e Apreciar Vinhos Tintos, Brancos e Espumantes.** Publifolha, São Paulo, 2009
- HAZAN, Giuliano. **A Autêntica Cozinha Italiana.** Editora Manole Ltda., São Paulo, 1994
- MASUI, Kasuko e YAMADA, Tomoko. **Queijos Franceses.** Ediouro, Rio de Janeiro, 1999
- METZELARD, Christian. **Choisir son Vin pour Chaque Plat.** Editions S.A.E.P., Colmar, 2000
- NOVAKOSKI, Deise e FREIRE, Renato – **Enogastronomia: a Arte de Harmonizar Cardápios e Vinhos.** Senac Nacional, Rio de Janeiro, 2005
- NUSSWITZ, Philippe. **L'Accord des Vins et des Mets.** Dormonval, Lucerne, 1991
- PERETTI, Angelo. **Il Vino: gli Abbinamenti Ideali.** Edimedia, Firenze, 2004

• SANTOS, José Ivan e SANTANA, José Maria. **Comida e Vinho: Harmonização Essencial.** Senac, São Paulo, 2014

• SIMON, Joanna. **Vinho e Comida.** Companhia das Letras, São Paulo, 2000

• VAN NIEKERK, Katinka e BURKE, Brian. **The Food & Wine Pairing Guide.** Struik Lifestyle, Cape Town, 2009

• VERGARA, Hector. **El Vino Perfecto para Cada Comida.** Planeta Vino, Santiago, 2005

----------------- **Larousse Gastronomique.** Crown Publishers, New York, 1988

----------------- **Dictionary of Wine: All the French Wine Appellations, from A-Z.** Cassell Illustrated. London, 2002

----------------- **Vins et Spiritueux de France.** Sopexa, Paris, 1983

----------------- **Manual de Queijos – Guia para Grandes Apreciadores.** Dinalivro. Lisboa, 2012

----------------- **Formaggi Italiani dalla A alla Z.** Fabbri Editori. Milano, 2003

SITES CONSULTADOS

www.academiadovinho.com.br

www.alimentipedia.it

www.brasilescola.uol.com.br

www.buonissimo.org

www.charcutaria.org

www.colunas.receitas.com

www.drinks.seriousseats.com

www.fisarmilano.com

www.jovempan.uol.com.br

www.hachette-vins.com

www.jancisrobinson.com

www.lavinium.com

www.luizoctaviobarcellos.wordpress.com

www.platsetvins.com

www.quattrocalici.it

www.sonoma.com.br

www.thenibble.com

www.tintosetantos.com.br

www.vinhosemsegredo.wordpress.com

www.vinit.net

www.vinium.it

www.vinoclick.org

www.vin-vigne.com

www.winefolly.com

www.winesofportugal.com

www.platsetvins.com

www.olivier-poussier.com

gourmetbrasilia.blogspot.com.br

www.matchingfoodandwine.com

www.revistaadega.com.br

lifestyle.sapo.pt

ÍNDICE DE TODOS OS PRATOS CITADOS NESTE LIVRO

AGRADECIMENTOS

Aos amigos **Alberto** e **Ronaldo Duncan** e **Federico Tagliabue** (Ristorante Torninha), **Danio Braga** (Locanda della Mimosa), **João Luiz Garcia** (Lorenzo Bistrô) e **Joaquim Moreira** (Fratelli), pela gentileza de terem cedido os cardápios de refeições harmonizadas de suas casas.

A **Cristiana Beltrão,** pela produção de duas fotos e pelo carinho em todos os momentos.

A **Martha** e **Cintia**, pelo apoio na produção de algumas fotos.

A **Bruno Drummond**, **Renato Machado** e **Toni Azevedo**, por trazer soluções gráficas que deixaram esse livro mais elegante.